LA RELIGION AU SERVICE DE L'HUMANITÉ

ESSAI SUR LA TRADITION

JULIEN-YAHYA BARBE

JEAN-FRANÇOIS LACOURT

RÉMI SAVIN

Calligraphie de couverture de Julien-Yahya Barbe

Édition : BoD - Books on Demand,
12/14 rond-point des Champs-Élysées, 75008 Paris
Impression : BoD - Books on Demand, Norderstedt,
Allemagne

ISBN : 9782322259953
Dépot légal : Décembre 2020

Nous remercions le shaykh Saidi Mohammed pour son temps, sa patience, son dévouement et son amour inconditionnel pour la Vérité et la Science.

Nous remercions Karim Chahdi, Aurélien Lépine et Dominique Lapp pour leurs aides précieuses lors des différentes relectures.

Nous remercions tous ceux qui nous ont soutenu, ceux qui nous suivent et ceux qui nous encouragent.

Merci à tous du fond du cœur, que Dieu vous récompense pour vos efforts.

Amin.

Ce livre est dédié à tous ceux qui s'interrogent sur l'humanité, son histoire et son devenir, qui constatent une civilisation arrivée en bout de course et qui nourrissent le désir de participer à l'élévation du monde de demain.

AVANT-PROPOS

La cosmogonie Traditionnelle nous permet d'identifier les phases récurrentes que traverse l'Humanité au fil de son histoire, celles-ci marquées principalement par une dégradation graduelle de la conscience spirituelle et de la spiritualité. L'Humanité est entrée dans la dernière phase de son histoire, la plus critique. L'Homme est parti en quête de son identité et de sa mission d'une manière inédite, réfutant petit à petit tout ce qui l'avait porté auparavant, troquant la sagesse des Anciens au profit d'un modèle civilisationnel de plus en plus confus et décadent.

Le temps passant, ce modèle s'est propagé dans l'espace et dans les cœurs comme une traînée de poudre, semant la discorde dans toutes les dimensions de la vie, distillant son poison dans le quotidien de tous. Il a précipité l'Homme dans les ténèbres de l'existence, l'exhortant à s'oublier lui-même, oublier son rôle, son histoire, l'impact de ses décisions et ses hautes aspirations qui l'invitent naturellement à la sagesse, à l'équilibre et au bien-être. Son regard et son attention se sont fixés sur des choses inutiles et stériles, ou pire, sur ce qui est porteur du virus de la folie qui contamine, corrompt et détruit tout ce qu'il touche. Néanmoins, émerge peu à peu un sursaut de conscience, un cri de désespoir, une exaspération générale caractérisée notamment par le malaise grandissant de la communauté des Hommes vis-à-vis du monde moderne. Hélas, cet éveil des consciences est aujourd'hui phagocyté par la désunion de tous, orchestré par un monde moderne qui brouille les pistes et qui divise tant les Hommes que la matière. Le constat est sans appel : à l'heure où l'Humanité compte le plus grand nombre de médecins, d'écologistes, de psychologues, de biologistes, d'ingénieurs, de physiciens, de nutritionnistes, de mathématiciens, de chercheurs et d'autres spécialistes en tout genre, jamais l'humanité n'a compté autant de malades, de maladies incurables, de catastrophes environnementales, et de difficultés en apparence insolvables.

Ces observations fatalistes ne sont pas pour autant une invitation au laxisme et à la passivité. Elles sont au contraire des marqueurs pertinents de compréhension du monde et des enjeux actuels. Ce livre fut rédigé avec cette idée que le temps dont nous disposons aujourd'hui nous invite, plus que jamais, à investir tous les domaines de la Religion, d'en extraire des outils de réhabilitation et de préparer en profondeur les transformations à venir. Car, à terme, cette dégradation doit laisser place à un nouvel âge d'or pour l'Humanité, où les forces en gestation de la Tradition et de la Spiritualité, permettront le fondement de civilisations nouvelles bâties sur des principes fondamentaux situés bien au-delà de ce que tous les chercheurs du monde pourraient découvrir par eux-mêmes. Pour ce faire l'Homme doit revenir à ses qualités premières qui le distinguent de toutes les autres créatures et qui l'invitent à agir avec sagesse. Son salut et celui du reste de la Création dépendent de sa volonté à se réapproprier son histoire et son patrimoine, à redécouvrir sa nature véritable et le sens de sa vie, comme nous le verrons dans les trois parties qui composent ce livre. A l'heure où les actes de tous peuvent encore faire une différence, il appartient à chacun de prendre ses responsabilités, vis-à-vis de lui-même et des autres, et d'assumer son rôle. Il est temps que les peuples des nations du monde prennent en main leur destin, il est temps d'aller au-delà du constat, qui met en évidence l'échec du monde moderne, d'investir notre dimension intérieure et d'envisager l'avenir.

LA CIVILISATION

Chapitre 1

Introduction à la Tradition

De manière cyclique, l'Humanité n'a de cesse d'être éprouvée. Puisant au fond d'elle-même, et au cœur de son patrimoine, scientifique, moral, et spirituel, elle cherche les ressources nécessaires pour assurer sa continuité. Ceci car, porté par son héritage, l'Homme possède en lui les clés de compréhension de sa condition, et de sa destinée.

Hélas, notre monde actuel voile les regards et floute les pistes, au point que l'humanité d'aujourd'hui ne sait plus vraiment qui elle est ni où elle va. Il en résulte une dissolution des identités, individuelles et collectives, une négation du réel, une disparition progressive des points de repère, et finalement un renversement des valeurs. Ce constat plusieurs fois énoncé et maintes fois repris ne suffit pas à faire le tour du problème car d'autres questions restent en suspens : celles du sens et des solutions.

Les civilisations du passé, que nous redécouvrons en permanence, vécurent en harmonie avec leur environnement et développèrent la Sagesse ainsi que la Philosophie en puisant dans la Tradition les instruments nécessaires à l'établissement d'un modèle sociale durable. Les Anciens naviguèrent alors dans les plus hauts sommets de la Connaissance et cultivèrent un art de vivre respectueux et clairvoyant. De là naquirent des nations prospères, et structurées autour de sciences utiles qui forment entre elles une harmonie et une grille de lecture complète de la vie. Les Sages du passé avaient ainsi une vision différente du Temps, de l'Espace, et de la Matière, qu'ils définissaient non pas comme une contrainte, mais comme une expansion du soi.

Prise dans son ensemble, la Tradition de nos Anciens pose un certain nombre de remparts qui préservent l'humanité d'elle-même. Ces remparts, le monde moderne les a détruits un à un. Il se retrouve désormais démuni, à la fois roi et esclave de ce qu'il est devenu, c'est-à-dire, un lieu où le Bien et le Mal perdent leur sens et se confondent, où les lois prennent la direction des passions, abandonnant à leur sort ceux qui n'ont pas assez de folie pour les suivre dans cette société de l'éphémère.

Face à cette normalisation de la décadence, revenir à une vie structurée autour des préceptes de la Tradition apparaît comme la seule alternative valable. Cette démarche n'a pas pour vocation de vivre le présent à la manière du passé, mais de puiser dans le legs de nos Anciens les outils d'aujourd'hui et de demain, pour faire face aux enjeux spécifiques de notre temps.

TRADITION ET TRADITIONS

Par définition, la notion de Tradition implique une source et une transmission par laquelle elle se perpétue d'âge en âge. Issue de données éprouvées et éprouvables, elle est mise à disposition des nouvelles générations qui en deviennent alors les légataires. Elle s'oppose en cela au modernisme, sans cesse en retard sur lui-même et contraint à se redéfinir inlassablement pour s'assurer une continuité.

Il faut cependant distinguer Tradition et traditions. Les traditions reflètent la culture des peuples, une manière de vivre, une vision du monde. Elles sont temporelles, et le plus souvent fixées à un contexte particulier.

La Tradition, quant à elle, renvoie à la Tradition primordiale : l'âme de l'Humanité, sa nature intrinsèque et sa raison d'être. Universelle et intemporelle, elle place toutes les civilisations sur un même pied d'égalité et de responsabilité devant le Divin, autour des Lois fondamentales qui régissent la Création. Elle trouve son origine dans le Souffle Universel, responsable de la pulsation qui déclencha la création de l'univers et qui continue de le faire vivre en permanence. Celui-ci continuera d'opérer jusqu'à la Fin des Temps, et son œuvre durera de toute éternité, car il tire son mouvement de la Vérité. Sa lecture se précise au travers des traditions qui mettent en application le langage de la Tradition et apporte le plein épanouissement aux peuples qui s'y réfèrent. Ils y trouvent une expression de leurs identités propres et de leurs particularités ainsi qu'un langage commun et universel dans un des champs d'application majeur de la Tradition : la spiritualité.

UNE TRANSMISSION PLANÉTAIRE ET MILLÉNAIRE

La Tradition s'est transmise dans le temps et dans l'espace, par voie d'héritage ou de Révélation. C'est ainsi que l'on retrouve partout dans le monde les mêmes mécanismes de civilisation, par lesquels l'art et les sciences sont liés en vue d'une mobilisation et d'un prolongement de conscience. Si aujourd'hui la fonction de l'art, par exemple, est orientée vers le loisir et le divertissement, il s'agit pour les Anciens d'une science parmi d'autres dont la vocation est de réveiller et d'orienter les cœurs. Quant à la Science, elle n'est plus la mise en relief du palpable par le transcendant, mais une simple méthode de recueil et de traitement d'informations en vue d'élaborer des procédés techniques reproductibles. Nous le voyons, les outils de cohésion sociale qui permirent une transmission de la Sagesse depuis toujours n'ont aujourd'hui plus le même sens, ni le même rôle.

D'un côté, la science moderne, basée sur l'expérimentation, est une quantification du vivant et est déduite après compilation de résultats, quand elle n'est pas simplement l'instrument de puissances financières. De l'autre, la Science Traditionnelle, où le chercheur est partie prenante de l'expérience provoquée. La déduction étant déjà connue, car issue de la Doctrine, il cherchera principalement à éprouver son savoir par l'expérience vécue.

Chaque peuple a reçu le savoir de la Vérité et peut légitimement revendiquer un droit d'accomplissement dans les enseignements de la Tradition.

Les Textes nous rapportent, en premier lieu, deux procédés fondamentaux par lesquels l'humanité a pu accéder à l'érudition : la Prophétie et la Révélation, l'instruction orale et l'instruction écrite. Les Révélations, soulignons-le, s'inscrivent dans une continuité et se justifient entre elles. La transmission orale a prédominé pendant des millénaires, avec toujours comme indicateur le Texte, à la fois vecteur de cohésion sociale et de projections scientifiques.

Certes, la Tradition se vit dans la Foi et la Connaissance comme nous le verrons plus loin, mais son domaine d'application principale est celui de la vie quotidienne. Son logiciel s'installe dans les habitudes et imprègne les us et coutumes d'une emprunte universelle, qui transcende les générations.

PÉRIODE CRITIQUE ET FORCES DU MAL

Le monde moderne uniformise les individus et détruit les notions essentielles de l'altérité. Bien loin du mode de vie Traditionnel, il annihile tout ce qui se rapporte de près ou de loin à la Sagesse des Anciens. C'est un système anti-Traditionnel dont l'issue finale est l'effondrement de la Civilisation. Le Temps passant, et sans réaction appropriée, l'humanité court à sa perte. Malheureusement les premiers stigmates de l'avilissement sont déjà profondément ancrés dans nos sociétés : torture financière, guerres à répétition, affaiblissement du socle familial et des liens de filiation, perversion des mœurs. La liste est encore longue.

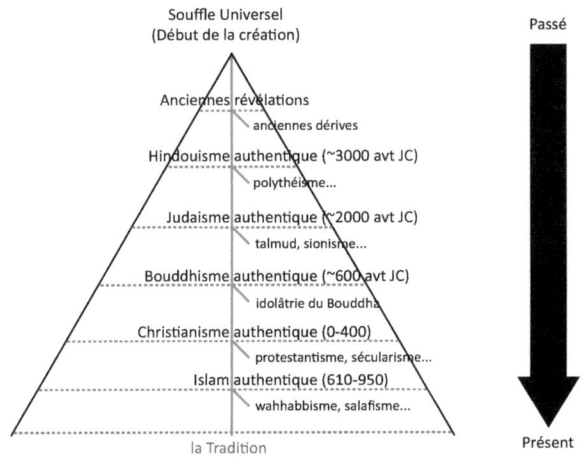

Cet avilissement répond à un schéma cyclique de dégradation qui existe depuis les premiers temps de l'Humanité. Les Révélations se sont alors succédées et ont eu pour objet la réhabilitation du patrimoine hérité et l'élargissement du support de progression de l'Humanité jusqu'à la finalisation de l'outil complet et universel. Ainsi, Dieu a parachevé Sa Religion au fil du temps. Elle contient désormais toutes les données universelles de la Réalisation et contient toutes les ressources nécessaires pour accompagner l'Humanité jusqu'à la Fin.

A chaque nouvelle difficulté, la communauté des Hommes doit fournir un effort de vigilance pour ne pas sortir des sentiers battus de la Sagesse, et puiser les réponses appropriées à chaque situation dans l'héritage traditionnel. Plus l'Humanité s'écarte du chemin tracé par le Souffle Universel, plus il lui est difficile de se rapprocher de la Vérité car elle emprunte de facto des itinéraires qui mélangent le vrai et le faux. Le savoir authentique se retrouve alors noyé dans un océan d'informations détournées, inauthentiques et trompeuses. Malheureusement, tous les domaines de recherches sont aujourd'hui touchés par ce fléau, et, de fait, toutes les cultures, si bien que retrouver la lucidité originelle demande un réel effort d'implication mêlé d'humilité et de sincérité. Aussi, pour le chercheur, se tourner vers les outils de la Vérité est plus pertinent que de s'éparpiller en affrontant de face les ruses du modernisme. L'Homme étant limité par nature, une démarche de réhabilitation ne peut s'entreprendre sans puiser dans la Tradition les outils nécessaires au travail de reconstruction.

Chapitre 2

Le langage et la transmission de la Tradition

La notion de Tradition implique les modalités de sa transmission à travers les âges. Nous avons précédemment évoqué les deux procédés originels à partir desquels la Tradition s'est parachevée : la Révélation et la Prophétie.

Les Prophètes et Messagers sont les porteurs de la Révélation, et les garants de la bonne compréhension des Textes qu'ils dispensent de leur vivant. Ainsi, les commentaires approfondis d'une Révélation apparaissent bien après son arrivée, une fois que les premiers témoins eurent développé les outils adéquates à la distribution du savoir au plus grand nombre. Ceci est nécessaire afin de pallier à l'absence du Prophète auquel on ne peut plus directement se référer pour répondre aux interrogations courantes, et pour répondre aux nouvelles interrogations qui émergent à mesure que la société des Hommes évolue. Une chaîne de transmission s'établit alors entre le Prophète, ceux qui ont recueilli sa doctrine, et les érudits qui mettent au point les méthodes d'interprétation. Ces derniers ont pour mission de préserver la Tradition, tant dans sa compréhension que dans sa forme, et de la transmettre hors de toute altérité aux générations futures. Cette transmission s'effectue dans un cadre dont le strict et la rigueur n'ont pas d'égal, et l'élève sera jugé sur sa capacité à utiliser avec exactitude et précision ce qu'il aura appris.

Ainsi, de maître à élève se perpétue une chaîne de transmission à travers les âges, garante de la bonne préservation du patrimoine légué. Les élèves, devenus à leur tour des enseignants, sont les légataires légitimes du savoir des Prophètes et des Sages, chacun dans leurs domaines de compétences.

DOMAINES D'APPLICATION DU SAVOIR

Chaque parcelle de la Création possède un opposé qui le complète, et pour chaque chose visible, il y a une chose abstraite. Cette dualité, nous la retrouvons dans l'éducation des Sages à travers l'exotérisme, la partie concrète et palpable du Savoir, et l'ésotérisme, renfermant les Sagesses plus subtiles.

L'exotérisme s'intéresse aux principes, à la Foi, à la Loi, et aux affaires du quotidien, qu'il s'agisse de disciplines religieuses, scientifiques, ou sociales. Il est enseigné publiquement, à un public large, par des instructeurs autorisés. Ces matières ne nécessitent aucun prérequis spirituel pour être étudiées ou enseignées. Elles sont accessibles à tous. L'ésotérisme se préoccupe des domaines de la spiritualité, de la mystique, de la métaphysique, et des sciences hermétiques. Il se transmet par voie initiatique. La démarche ésotérique implique une vie spirituelle sous l'égide d'un maître authentique et autorisé. L'acquisition de ce savoir nécessite patience, détermination, et se caractérise par une discrétion de circonstance.

Ainsi l'exotérisme est accessible à tous et s'applique collectivement dans un mode de progression individuel : c'est le cadre commun que tout le monde partage et auquel chacun contribue. La démarche ésotérique, quant à elle, résulte du désir individuel d'aller plus loin dans la voie de la Sagesse, au-delà des apparences. Elle se vit dans un effort silencieux et intérieur. Les maîtres authentiques sont les garants de la Sagesse et de sa

transmission aux aspirants au cheminement initiatique.

ŒUVRES, RÉVÉLATIONS ET LIVRES SACRÉS

Certaines catégories de livres nécessitent l'acquisition préalable de notions précises, un état d'esprit, et un cheminement profond dans certaines
disciplines pour avoir assez de recul et de clairvoyance dans la lecture. Cependant, un ouvrage,
aussi exceptionnel puisse-t-il être, ne remplacera
jamais une expérience vécue. Tous les livres de
voyages réunis ne sauraient restituer toutes les
odeurs, toutes les saveurs et toutes les images que
découvre le voyageur qui foule du pied une terre
inconnue. Cet écart de perception qui existe entre
celui à qui on raconte une histoire et celui qui vit
cette histoire est manifeste lorsqu'il s'agit d'une
progression individuelle ou collective au regard
de la Tradition.

Les Livres Sacrés et les Savoirs révélés, quant à
eux, sont d'une complexité d'un autre ordre et ne
sauraient être comparés aux livres écrits par la
main de l'Homme. Si un Livre Sacré peut se lire
du début à la fin, comme un roman, son essence
véritable va bien au-delà. Chaque mot renferme
une histoire, une profondeur, et d'innombrables

trésors. Chaque lettre constitutive de chaque mot est une porte sur une dimension de l'existence. Les sujets se suivent, se recoupent, et se répètent, apportant à chaque fois de nouvelles informations, de nouvelles subtilités, et de nouveaux horizons à explorer. Les Textes sont une ressource inépuisable sans commune mesure.

La Tradition définit avec précision des éléments fixes, qui n'ont pas vocation à être réinterprétés, et des éléments laissés à la libre interprétation des savants. Ces éléments interviennent lorsque des considérations nouvelles apparaissent et qu'il est nécessaire de puiser dans les Textes les réponses aux défis de l'instant présent. Selon le degré de lecture, et s'il s'agit d'en tirer une philosophie particulière, l'étude des Textes ne peut se faire sans un bagage préalable, et correctement maîtrisé. Ces derniers, même dans leur lecture purement externe, ou exotérique, demandent l'emploi de méthodes pointilleuses pour en extraire du savoir. Ces méthodes seront d'autant plus intransigeantes s'il s'agit d'entrer dans l'analyse interne, ou ésotérique, des Textes, pour explorer la profondeur d'un domaine ou d'un mot sacré. Pour ne pas s'égarer, d'une part, et parce que les subtilités d'un sujet sont infiniment plus lourdes que ses caractéristiques extérieures.

Pour le fidèle, il n'est pas obligatoire de connaître tous les mécanismes de l'exégèse des Textes. Le simple fait de mettre en application les directives divines suffit à lui en apporter les bénéfices, qu'ils soient matériels ou spirituels. Il n'oubliera pas, cependant, que faute d'avoir en main les instruments d'exploration approfondis du Livre Sacré, il devra se contenter d'en admirer les contours externes qui suffisent déjà à eux seuls à épanouir des générations de chercheurs jusqu'à la Fin des Temps.

La Sagesse des Livres Sacrés est le rayonnement de la Sagesse divine. Le lecteur y trouvera source de méditation et d'inspiration, non seulement pour son quotidien mais pour tous les aspects de sa vie. Les langues sacrées qui composent les Textes, outre leurs vibrations spirituelles intenses, véhiculent par elles-mêmes des enseignements qui dépassent de loin le raisonnement grammatical ou linguistique. Le fidèle désireux de plonger dans le cœur des Textes devra néanmoins faire le nécessaire pour en acquérir les outils d'interprétations authentiques et les autorisations requises. Il s'inscrira alors dans la longue chaîne de transmission de la Sagesse, et aura à charge de perpétuer à son tour l'héritage de la Tradition.

Parce que Dieu seul connaît la réalité profonde de Son Message, tout travail d'interprétation au-delà des limites bien comprises, ou tout travail de traduction, est un parcellement de la dimension réelle du Texte. Cette action est nécessaire afin de le rendre intelligible mais constitue d'ores et déjà une diminution.

L'EGO

L'ego est le voile épais, entre l'Homme et la Vérité, qui détourne l'individu de la voie de la Sagesse. Le plus grand ennemi de l'itinérant, en effet, n'est autre que lui-même. S'il veut cheminer, il devra remettre en cause ses certitudes, ses préjugés, et l'opinion qu'il a de lui par l'introspection de son âme. Cela bouleversera sa compréhension du monde car comprendre, pour celui qui chemine, c'est assimiler qu'il est son propre prisonnier, et que sa réussite ne dépend pas de ses compétences ni de ses capacités. Estimer sa capacité supérieure à la Bienveillance divine n'aboutit, au final, qu'à l'asservissement de l'Homme à ses pulsions, et à l'évanouissement de sa conscience.

Maître et élève

La relation entre le maître et son élève est au cœur du processus de transmission. Ouverte à tous, la voie initiatique est avant toute chose un travail d'introspection de soi. Sous le regard attentif du maître, l'itinérant devra affronter les vices de son ego en même temps qu'il acquerra la connaissance. Plus son âme s'apaise, plus la science de l'élève s'élargit, et gagne en profondeur. Chaque cœur étant différent de l'autre, il n'y a pas de méthode universelle, mais en revanche, une sagesse ancestrale qui englobe toute chose. Le rôle du maître sera de porter l'élève sur ses épaules pour l'amener dans le plus haut sommet de l'accomplissement de soi : la Réalisation. Il est un intermédiaire entre l'itinérant et la Tradition.

La pédagogie initiatique

Les notions de Verticalité et d'Horizontalité sont complémentaires dans la définition de la condition humaine, et sont des notions essentielles dans la compréhension du cheminement. Bien que s'agissant de symboles, leur réalité leur confère une portée opérative et effective. L'Horizontalité ramène à la matière, au monde sensible, et à tout ce qui s'y rapporte. La Verticalité projette vers le haut, le subtil et le spirituel. L'Homme est à la croisée des deux, à moins qu'il soit en lui-même la définition de cette intersection. Il est tenté par les plaisirs, l'argent, le prestige, mais se penche aussi sur des préoccupations morales, philosophiques, et sur la dignité d'autrui. L'initié apprend à mettre en relief ses désirs horizontaux en cohérence avec ses aspirations verticales, car l'axe de cheminement réel se situe sur le plan vertical. Ainsi, de manière analogique, la condition terrestre de l'Homme le situe tout en bas d'une montagne, tandis que sa vocation primordiale en constitue le sommet.

Pour y accéder, il aura besoin du conseil de quelqu'un qui est déjà au sommet : le maître. Celui-ci saura dire à l'aspirant quel chemin emprunter, en fonction de ses forces et de ses faiblesses. L'enseignant réalise ainsi ce que les livres ne peuvent faire, car si ces derniers sont un appui parmi d'autres, la transmission du vivant par le vivant est la seule à même de conduire à la Réalisation.

SYMBOLISME ET ANALOGIE

Langages intemporels et universels, le symbolisme et l'analogie sont deux procédés essentiels de la pédagogie initiatique, destinés à préserver la

Sagesse dans le Temps et dans l'Espace. Le symbolisme se décline sous différents aspects : géométrie, nombres, sons, formes, couleurs, ou lettres. Le symbole est l'expression d'un principe que les mots ne sauraient exprimer avec exactitude, et constitue la matière première de la Connaissance et du cheminement vers Dieu. A la fois vecteur de science et support de méditation, ce sont les clés de sa lecture qui sont enseignées et non le savoir qu'il contient. Il dépasse les langues, les cultures, les époques, et peut être appréhendé par des civilisations différentes. Son mode opératoire est l'analogie, par laquelle le symbole crée un lien entre la réalité sensible que nous vivons et la réalité métaphysique qui nous dépasse. L'analogie est par ailleurs l'outil qui permet un approfondissement nouveau du symbole, dès lors qu'un problème inédit se présente à l'Humanité.

Le symbolisme et l'analogie sont des procédés récurrents dans le corpus des Sciences Traditionnelles[1]. La science des rêves, par exemple, utilise les rêves comme support de compréhension et de cheminement car ils permettent d'établir des diagnostics individuels ou collectifs.

---

[1] cf. « *La Science* » page 63

MACROCOSME ET MICROCOSME

La Sagesse nous rapporte que dans l'Univers, tout est lié à tout. Des connexions subtiles agissent dans chaque parcelle de la Création. La multiplicité des éléments qui composent le monde ne fait ainsi que souligner l'Unicité de son Créateur. Ces liaisons existent entre des éléments similaires et analogues. Nous retrouvons cet énoncé dans l'axiome d'Hermès Trismégiste : « *Ce qui est en haut est comme ce qui est en bas; ce qui est en bas est comme ce qui est en haut* ». Nous rejoignons les principes de Verticalité, d'Horizontalité, de symbolisme et d'analogie évoqués précédemment.

En effet, le rapport entre le Macrocosme et le Microcosme met en avant le credo Traditionnel selon lequel la Création respecte un plan précis opérant une modalité commune entre l'infiniment grand (Macrocosme) et l'infiniment petit (Microcosme). Ainsi, pour comprendre les lois qui régissent l'univers, on peut s'intéresser aux lois qui régissent les Hommes, et réciproquement. Car ces lois, finalement, font partie d'un seul et même système qui organise la cohésion de l'univers. Ceci nous permet de découvrir des liens difficilement lisibles de premier abord.

A ce titre, la Révélation nous renseigne avec précision sur ce rapport universel qui met en liaison la Création dans son ensemble, comme nous le verrons plus loin.

CHAPITRE 3

LA RÉVÉLATION ET LE STATUT DES RELIGIONS

La Révélation s'est manifestée aux quatre coins du globe et à différentes époques. Les religions qui en découlent sont aussi diverses qu'éparpillées, au point qu'il semble peu probable, à priori, de pouvoir tisser entre elles un lien fondamental de prolongement. Mais au regard de la Sagesse, cette apparition échelonnée et successive est portée par la Bienveillance divine. Elle fut le ciment à partir duquel les cultures et les civilisations ont pu s'établir et se consolider, tout en fertilisant en elles la sensibilité primordiale qui leur permet de vivre la continuité de leur Histoire, dans le chemin universel de la Tradition. Une observation trop rapide du fait religieux mène souvent à une conclusion erronée, selon laquelle ce pluralisme spirituel est la cause première de la mésentente entre les Hommes, et qu'une religion unique, figée, et fixée en une seule fois aurait été meilleure. Or, si le processus de la Révélation s'inscrit dans une progression segmentée, c'est justement pour mettre en évidence les points de liaisons qui accompagnent son mouvement. Ces notions, prises dans leur globalité, indiquent une évolution structurante, caractérisée par des cycles, célestes, cosmiques, et humains.

LA BIENVEILLANCE DIVINE

La Vérité est immuable, elle n'est soumise ni au Temps ni à l'Espace, ni à la Matière. La condition terrestre, en revanche, changeante et perpétuellement instable, implique un procédé éprouvé et progressif pour appuyer la fonction Traditionnelle. Ainsi, les Révélations se succèdent les unes aux autres selon un ordre logique obligatoire.

L'Homme assiste impuissant au temps qui passe, et aux changements qui surviennent sur son être. Il peut en revanche choisir, ou non, d'être à la hauteur de son destin. Être à la hauteur demande de l'effort, et de la préparation, à chaque étape de sa vie, en vue de son évolution, car nous nous construisons petit à petit en vue de ce que sera fait demain. L'Homme passe alors par différentes étapes qui se succèdent ; l'enfant devient adulte puis âgé. Il gagne en condition physique, en réflexion, en maturité, et enfin, en sagesse. Chaque étape de sa progression le rend apte à des responsabilités nouvelles, et à d'autres moyens de comprendre le monde, car un adulte, par l'exigence de sa condition, ne peut se borner à vivre comme l'enfant qu'il était. L'Humanité est à l'image de l'Homme, soumise à ce qui la dépasse, et dans l'obligation d'assurer sa survie par les moyens dont elle dispose, toujours en corrélation avec ses propres besoins. Ces derniers varient en fonction du contexte tout en s'inscrivant dans la continuité de ce qui a été fait auparavant, et dans une même direction.

Les Prophètes, manifestations de la Bienveillance divine, surviennent ainsi à des moments clés de l'histoire humaine, et lors de bouleversements cycliques majeurs. Les Révélations par les prescriptions lumineuses qu'elles contiennent permettent à l'Humanité de fixer un cadre apaisé pour préparer son futur. Dieu fait cheminer l'Humanité à travers les siècles comme Il fait cheminer un Homme, dans la pédagogie, et par Sa Miséricorde. Une révélation unique, et en une seule fois, pour l'ensemble de l'Humanité, en plus d'être inadaptée, serait en parfaite contradiction avec la nature humaine et serait bien éloignée de l'Amour de Dieu à l'égard de Ses créatures bien-aimées.

DU TRIBALISME À L'UNIVERSALISME

La transformation progressive des principes de l'Humanité fut marquée par différentes étapes. La première a été celle de l'apprentissage des prescriptions fondamentales, telles que celles délivrées par la Torah. Cette époque fut marquée par un tribalisme profond. La Vérité attendait alors de l'Humanité que les foyers de la vie humaine se constituent en peuples souverains, différents les uns des autres, mais sur des bases d'enracinement identiques, solides et authentiques. Ce langage comportemental commun devint l'élément essentiel de compréhensions mutuelles entre les populations. La motivation spirituelle de la Loi divine fut abordée plus en détail dans les Révélations suivantes, notamment les Psaumes, qui définissent par la mystique la question des nations, chacune vivant alors un destin qui lui est propre dans sa relation à Dieu. La révélation de l'Évangile mit un terme au tribalisme. L'Humanité, bien que composée de différentes cultures, est tenue de vivre un destin commun. La révélation du Coran vint confirmer cette voie pour les Hommes, précisant que malgré leurs différentes cultures, ils sont tenus de trouver une harmonie de collaboration et une unicité dans la condition humaine, pour vivre le destin commun de l'Humanité, par lequel elle devient apte à cheminer dans l'Unicité de Dieu. La Tradition, finalement, a vocation à préserver l'identité des peuples, tout en affirmant la nécessité d'une collaboration soutenue entre nations souveraines et indépendantes, conditions par lesquelles il devient possible de cheminer vers un universalisme de paix.

Par les étapes que nous venons de décrire sommairement, la communauté des Hommes a honoré la fonction qui est la sienne[1], dans sa relation au Divin et dans sa mission sur Terre. Au fur et à mesure de son évolution, un patrimoine transcendantal, celui de la Tradition, s'est constitué et étoffé, jusqu'à arriver à l'apogée de son universalisme.

LA RELIGION

Les révélations, loin de se contredire, se justifient les unes les autres. Elles accompagnent l'Humanité dans les étapes successives de son évolution afin de lui apporter ce dont elle a besoin. Un

---

[1] cf. « *La mission de l'Homme et de l'Humanité* » page 45

basculement cyclique s'opère en réponse à l'arrivée d'un Prophète et la dernière révélation prend alors autorité sur les précédentes, complétant ainsi l'instrument Traditionnel fondamental jusqu'à lui donner sa forme définitive lors de la révélation finale. En ce sens, il est plus convenable de parler de « la » Religion unique, qui, au cours du processus prophétique, s'est peu à peu structurée en un dispositif universel de cohésion, plutôt que « des » religions, multiples et singulières, comme si les causes de leur établissement ne s'inscrivaient pas dans un seul et même mouvement.

Pour le fidèle sincère, les révélations dans leur forme originelle et authentique sont du seul fait de Dieu. La règle, en ce domaine, est donc le respect. Respect en matière de religions car malgré leurs différences, et l'usure du temps, chacune porte en elle une part de Vérité, au minimum. Et le respect également des choix spirituels qui animent les cœurs du monde entier, qu'ils soient motivés ou par défaut.

L'itinérant soucieux de tirer le meilleur de la substance Traditionnelle attachera beaucoup d'importance à différencier, en premier lieu, ce qui est authentique de ce qui l'est moins. Il se penchera ensuite sur des considérations spirituelles et mystiques, qui relèvent en grande partie de l'expérience vécue et implique un réel effort d'implication, et dans la très large majorité des cas de se faire accompagner. Que le chercheur véritable ne désespère pas, en tout cas, de la Bienveillance divine à son égard. Car si sa démarche est portée par une sincérité réelle, elle est en elle-même une porte du salut.

Le plus grand danger, dans la manière de vivre la Religion, réside dans le fait de confondre spiritualité et arrogance, de cheminer par la haine et la violence, ou encore, d'absorber la Foi par l'orgueil et la suffisance, semant au passage la discorde autour de soi. La Sagesse ne peut être vécue autrement que dans la sérénité, la tolérance, et la compassion, suivant en cela l'exemple des Prophètes.

Chapitre 4

La Prophétie

La Prophétie fut le moyen par lequel la Vérité structura la Révélation et l'institution des prescriptions divines. Elle englobe toute l'étendue du savoir manifesté à travers les Textes révélés, les Sciences prophétiques et la Sagesse. Elle oriente l'Humanité vers ce qui lui est profitable et lui recommande de délaisser le reste. En suivant l'exemple des Prophètes, la communauté des Hommes honore son rôle et sa mission.

Les Prophètes et les Messagers

Les Prophètes apportent la souvenance de la Vérité. Ils auraient été quelques cent vingt-quatre mille depuis Adam. Intermédiaires entre Dieu et l'Humanité, ils rappellent aux Hommes les fondements de la Vérité, ses principes, et diffusent la Sagesse, qui est la somme cumulée de la Science et de la Connaissance[1]. Ils sont infaillibles dans leur mission, et sont préservés du mal et du pêché par la Grâce de Dieu. Ils obéissent à l'ordre que Dieu leur impose, dans l'accomplissement du Rappel, s'appuyant pour cela sur les Normes d'une Révélation précédemment instituée. Dans certains cas, leur mission consiste également en la mise en application de faits particuliers, destinés à être communiqués, ou non, à leur peuple. Parmi tous les Prophètes, trois cent treize ont eu la fonction de Messagers. Cette fonction, en plus de celle de Prophète, consiste en la délivrance d'un Message venant de Dieu qui vient préciser la Norme, et parfois la réformer. La Prophétie est donc une continuité sans cesse renouvelée et clarifiée dont les mises en garde décrivent des réalités passées, actuelles et futures.

LES HOMMES DE DIEU

Véritables héritiers des Prophètes, les Saints transmettent la Sagesse et forment une chaîne de transmission solide préservée de toute altérité. Ils utilisent la Révélation et le patrimoine constitué de la Sagesse comme support de travail qu'ils enrichissent par la Vision, née de la Réalisation et de

---

[1] cf. « *Sciences et Connaissance* » page 63

l'Inspiration, lors des moments de grâce qui se manifestent à eux. Leurs états spirituels, aussi élevés qu'ils puissent être, n'atteindront jamais ceux des Prophètes et des Messagers. Le statut du Saint est à distinguer de celui du Savant, pour lequel la condition spirituelle n'est pas sine qua none, mais plutôt sa faculté à expliquer la Norme et à la commenter. La Norme regroupe l'ensemble des directives divines en matière de Foi, de Loi, et toutes les descriptions révélées à partir desquelles il est possible de tirer du savoir spirituel ou matériel et des orientations diverses.

LE TESTAMENT DE LA PROPHÉTIE

La Prophétie, au-delà des questions de Norme et de Loi, est une pédagogie, qui met en lien le présent avec l'Éternité[2]. Confrontée aux complexités du quotidien, elle est source d'apaisement, de lucidité, et d'espoir. Le Savoir est en fin de compte la seule possibilité d'épanouissement pour l'Homme, le seul moyen de structurer une harmonie qui se prolonge et qui perdure. Aussi longtemps qu'elle s'accrochera à l'héritage des Prophètes, l'Humanité sera portée par la Providence et tout restera possible, mais dès lors

---

[2] cf. « *Sciences et Connaissance* » page 63

qu'elle s'en détournera complètement se produira ce que la Tradition prophétique annonce depuis la nuit des temps : la décadence, puis la destruction.

CHAPITRE 5

LE TEMPS ET LA FIN DES TEMPS

Inébranlable, le temps passe, proclamant déclins et succès, et mettant l'Humanité sur un même pied d'égalité : une seconde pour les uns sera une seconde pour les autres, et chacune d'entre elles nous rapproche inéluctablement de la Fin, individuelle et collective, nous rappelant alors que nous ne sommes que de passage dans ce bas monde. Chaque instant qui s'écoule est perdu pour l'éternité, ramenant une fois de plus l'Homme face à ses responsabilités.

Le temps est l'exemple même de ce qui est invisible, a priori, mais rendu intelligible par constatations sensorielles et empiriques. Lorsqu'il est approché par la raison, le temps est d'ordinaire représenté par un mouvement, continu et unidirectionnel :

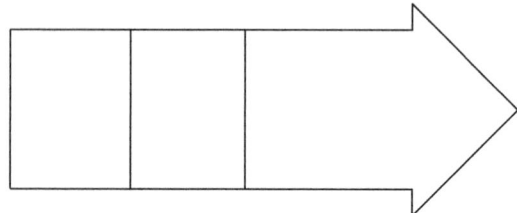

On le retrouve autrement symbolisé par une horloge, le mouvement continu étant cette fois-ci prolongé par la notion de cycle :

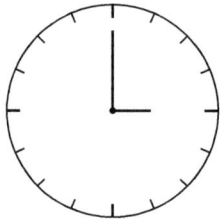

La première représentation rappelle que les évènements du passé sont figés, fixés, tandis que le second insiste sur la répétitivité cyclique des modalités du temps : le jour et la nuit, les saisons, la vie, la mort, et les générations qui se succèdent suivent un ordre qui se répète.

La notion de cycle est centrale et structure les transformations successives de la Création. À petite échelle, les cycles se manifestent dans des proportions à la mesure du quotidien, comme les minutes et les heures qui s'écoulent et se répètent. Avec un peu de recul sur la réalité immédiate, les heures deviennent des jours, des mois, des saisons, des années, une vie, qui génère elle-même d'autres vies. Quelle que soit l'unité de mesure, le temps suit toujours une logique de cycle, plus ou moins appréhendable en fonction de l'échelle d'observation. La notion de cycle est présente dans l'infiniment petit comme dans l'infiniment grand. Il est une manifestation des principes de la Création, selon lesquels chaque élément suit un schéma et une logique parfaite qui émane du Divin, et de Son Ordre. La Tradition explicite cette notion de cycle, en précisant que le temps s'accélère, en lui-même, et dans les considérations que cette accélération implique. Ainsi, le mouvement continu et unidirectionnel du temps, ajouté à la notion de cycle, et à celle d'accélération, permet d'envisager le temps sous une autre lecture :

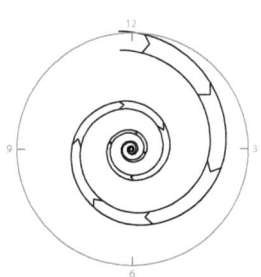

Cette représentation, plus complète que les précédentes, clarifie aussi un autre point. Si les segments qui constituent un cycle se répètent, leurs caractéristiques ne sont jamais identiques, car les modalités de la répétitivité cyclique impliquent en elles-mêmes une différence : une section déterminée voit ses courbures se marquer au fur et à mesure qu'elle se rapproche du centre de la spirale, son mouvement est alors plus prononcé, et ses caractéristiques deviennent plus facilement identifiables.

LA FIN DES TEMPS

Le sujet de la « Fin des Temps » est synthétisé autour de deux questions : celle du quand et celle du comment. De nombreux auteurs se sont attachés à interpréter les Textes de manière à définir une chronologie permettant de rattacher les évolutions de ce bas monde à des prophéties révélées, laissant bien sûr le moment exact de la Fin, véritable, effective, dans le Secret de Dieu. Pour autant, cela n'empêche pas le chercheur de s'intéresser avec le plus d'exactitude possible aux fins de cycles, car ce domaine du savoir offre d'autres perspectives de compréhensions sur la vie[1].

---

[1] cf. « *L'Eschatologie : La Science de l'Heure* » page 149

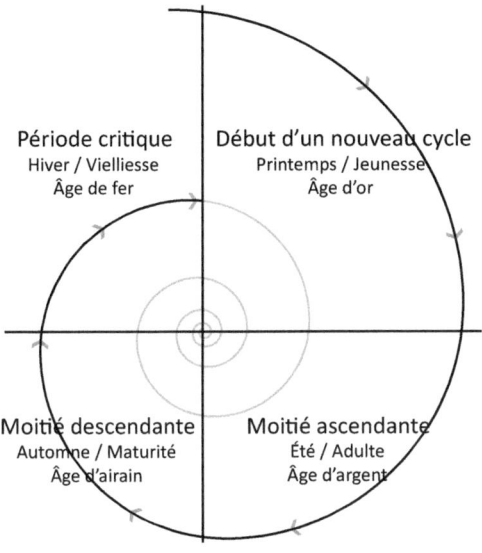

Les saisons se répètent et les réalités qu'elles engendrent dans le quotidien autorisent un langage universel, une lecture du vécu par le nuancier des cycles. Le printemps symbolise une éclosion nouvelle, un jaillissement d'énergie, tandis que l'été en évoque l'épanouissement. L'automne représente la maturité, la sagesse, et l'hiver, la gestation silencieuse de forces à venir. À l'échelle de l'histoire de l'Humanité, les saisons deviennent des périodes beaucoup plus longues, pouvant durer des milliers d'années.

Les cycles, tels qu'ils sont présentés ici, sont répartis en quatre phases qui se suivent et certaines nominations ont été empruntées à la mythologie grecque :

– Début d'un nouveau cycle ou âge d'or : période de renaissance, de prospérité et de sérénité. C'est une période exempte de défauts, où règne l'harmonie. Par correspondance on identifie cette période au printemps et à la jeunesse.

– Moitié ascendante ou âge d'argent : exaltation, mais apparition de premières dissonances. Les événements oscillent entre des bons et des moins bons. On l'associe à l'été et à l'âge adulte.

– Moitié descendante ou âge d'airain : le mal cohabite avec le bien en vue de le dominer. La dissonance s'installe dans la normalité qui est au cœur des enjeux. La question du renouvellement et de la transmission se pose. On assimile ce moment à l'automne et à la maturité.

– Période critique ou âge de fer : le mal domine, mais le Bien n'est pas éteint. La dissonance est généralisée. On identifie cette période à l'hiver et à la vieillesse.

La science de la Fin des Temps, l'eschatologie, développe des données à partir desquelles il devient plus aisé de comprendre, de situer le destin de l'Humanité, et d'adopter un comportement en conséquence, comme ce fut le cas durant les périodes prophétiques. De là découle toute une série de possibilités à partir desquelles l'Homme peut aborder les nouveaux défis qui se présentent à lui.

LE TEMPS, L'ESPACE, ET LA MATIÈRE

La Fin des Temps, finalement, renvoie à la question beaucoup plus générale, et philosophique, pour ne pas dire philosophale, du temps en tant qu'expérience vécue et permet de distinguer le temps de la notion de Temps au sens large. Car si le temps exprime surtout une réalité perçue et quantifiable, le Temps, lui, est avant tout une dimension de l'existence, le lieu de la coordination. De même, si l'espace évoque vaguement une notion de distance ou de surface, là aussi quantifiée, l'Espace est plus largement le lieu du mouvement. Enfin, tandis que la matière ramène généralement à la substance, la Matière quant à elle, au regard de la Tradition, est le lieu de l'incarnation, que celle-ci soit concrète, ou le résultat de définitions plus abstraites. On comprend alors que si le temps est perçu comme un mouvement agissant, c'est parce que l'Espace et la Matière sont impliqués.

Par ailleurs, la notion de Temps va bien au-delà du contexte matériel et terrestre. Après sa mort, la créature quitte le domaine du temps pour entrer dans celui de l'Eternité, domaine d'autorité absolu du Créateur, mais qui reste toujours, pour autant, lié à la notion de Temps bien que les rapports à l'Espace et à la Matière soient différents. Ainsi, et toujours en s'appuyant sur la notion Traditionnelle du cycle, la Fin des Temps peut être comprise comme le passage du matérialisme désacralisé et vidé de sa substance originelle vers la transcendance absolue de Dieu, qui est, en définitive, l'impulsion originelle du Temps qui a pouvoir sur toute chose. La Fin des Temps est donc une réhabilitation de la fonction du temps, en direction du Temps, par un retour à la Vérité divine.

Ces caractéristiques ont une influence importante dans les définitions du rapport au sacré, et dans la manière avec laquelle les peuples considèrent leur patrimoine. La France, par exemple, fille aînée de l'Église, trouve historiquement son âme et son cheminement dans son attachement à la dimension intérieure et au monothéisme. On parle alors de la « France Éternelle », renvoyant ainsi la souveraineté réelle de la nation française, son destin, et son salut, dans la Vérité de Dieu, et le peuple de France, à ses responsabilités, et à sa mission en tant que membre de la communauté des Hommes.

CHAPITRE 6

LA MISSION DE L'HOMME ET DE L'HUMANITÉ

La raison d'être de la Création, de l'Humanité, et de sa mission, renvoie à la question du sens, qui intervient à tout moment de l'existence, mais aussi à celle des enjeux de la responsabilité humaine. Tout cela nous ramène aux âges les plus reculés de la conscience humaine, aux principes mêmes de la Civilisation, porteurs de vérités et à leur devenir. C'est l'ensemble de son modèle de fonctionnement que la communauté des Hommes doit interroger à chaque instant afin de rester dans les rouages de la lucidité. Délaisser cette tâche constitue une première régression caractérisée par une disparition progressive des fondements de la vie Traditionnelle dans les aspirations individualistes et matérialistes de l'âme. Or les décisions de l'Humanité, l'idéologie qu'elle met en avant et en pratique, ses projets de société, tout cela a un impact direct sur les générations en présence et à venir, et sur le monde. Ces choix doivent être basés sur la conscience morale et intérieure, dont l'inspiration première est le devoir de responsabilité de l'Homme vis-à-vis de sa mission, et le sens qui s'y rapporte.

LE RÔLE ET LA MISSION DE L'HOMME

L'Homme est le représentant de Dieu sur Terre. Il génère l'équilibre dans le monde à mesure qu'il s'applique à mettre en œuvre les directives divines et qu'il évolue dans le cadre fixé par la Bienveillance de Dieu à son égard. Il ne s'agit pas d'une opération de dissolution des individus, mais bien au contraire de profiter des qualités des uns et des autres pour combler les lacunes présentes en chacun. L'Humanité doit trouver l'homogénéité dans ce qui la compose. La communauté des Hommes qui choisit d'accepter son destin établit alors l'unicité dans sa diversité, développe une aptitude à exalter l'Unicité de Dieu, et honore Son Nom et Sa Gloire sur Terre, loué soit-Il, en devenant un reflet de Sa Vérité.

De cette relation qu'elle entretient avec la Vérité, la communauté des Hommes trouve les ressources pour vivre son quotidien dans l'harmonie. Dieu étant le Bienfaisant par excellence, plus l'Humanité se rapproche du Divin, plus elle trouve en Lui le secret et l'énergie de la bienfaisance, tant dans les affaires sociales que dans celles du quotidien. La vie en société, par ailleurs, se décline en différentes perspectives qui sont autant d'occasions d'accéder à la Vérité intérieure et collective.

LE PLAN INDIVIDUEL

Le premier travail, pour l'individu, se situe au niveau de la gestion de son quotidien, de sorte que celui-ci débouche sur une expérience de la Sagesse plutôt qu'à un laisser vivre sans fondement. Le fidèle peut ainsi explorer et éprouver les différentes facettes de sa dimension intérieure et de sa vie matérielle, hygiène de vie qui est également une contribution à l'effort collectif pour une Civilisation pérenne du juste milieu. L'itinérant attentif à son rôle d'être humain a à cœur de refléter au mieux la Vérité de Dieu dans l'ensemble de ses faits et gestes. S'ouvrant peu à peu à sa nature primordiale, il se découvre à mesure qu'il découvre son Seigneur. Il peut s'appuyer, pour accomplir cette tâche, sur la raison et le bon sens, mais aussi, et surtout, sur la Révélation, la Tradition, et la Sagesse. Le plan individuel de l'existence est finalement le lieu d'une démarche volontaire dans laquelle l'individu prend en main les instruments de son destin.

LE PLAN FAMILIAL

La famille est le poumon de la société, et le ciment de la nation et des communautés. Si les familles souffrent et se disloquent, c'est le pays dans son ensemble qui s'effondre.

Dieu a créé toute chose par couple, afin de souligner Son Unicité divine. En effet, si les créatures ont besoin les unes des autres, Lui se suffit à Lui Seul, et n'a besoin de personne d'autre que Lui-Même.

Le mariage entre l'homme et la femme est finalement une exaltation de la Vérité de Dieu. Les polarités masculines et féminines se complètent, s'équilibrent et s'harmonisent, à l'image de ce que doit être la vie du foyer dans tous ses aspects. Ainsi se développe une disposition particulière à vivre l'Unicité de Dieu : par l'unicité de la vie conjugale qui reflète le quotidien de la vie des époux.

Le mariage est un cheminement, une adoration, le lieu sacré de l'union devant Dieu de l'homme et de la femme. C'est aussi le lieu de l'éducation et de la transmission des fondements primordiaux. Le mariage est en effet le point de jonction entre le plan individuel de l'existence et le plan collectif. Le foyer familial est pour les époux, comme pour les enfants, une école de la vie et l'occasion de découvrir la Sagesse, le dévouement, la compassion et la patience, valeurs indispensables à la cohésion sociale et au sentiment national.

LE PLAN COLLECTIF

Le plan collectif de l'existence est le lieu de la cohésion sociale et de la mise à disposition, pour la communauté, du destin individuel et familial de chacun. Les différences s'y réunissent, non pas en vue de s'uniformiser, mais dans un principe de complémentarité, de juste milieu, et d'équilibre. C'est le lieu de la fraternité et du partage. Les Hommes échangent leurs sourires, leurs biens, leurs efforts, et leurs moments de recueillement. L'expérience individuelle du Divin devient collective. Il s'agit là de la pulsation initiale nécessaire à la construction d'une identité nationale. C'est également au niveau collectif que se prennent les premières responsabilités temporelles.

LE PLAN NATIONAL

Dimension de l'identité terrestre et pont entre les conditions temporelles et spirituelles de l'existence, la nation est le lieu de la Réalisation, au sens spirituel du terme, et de l'effort collectif. A ce propos, une altération de la conscience religieuse dans les esprits accompagne bien souvent la disparition progressive du sentiment national, sans en être nécessairement l'élément déclencheur. Il est clair et historique que la prise en compte de la question spirituelle permet de définir une compréhension commune des principes autour desquels la société est capable de s'unir dans toute sa diversité afin de développer une identité commune, résultat d'un passé, d'un présent, d'un futur souhaité, d'une géographie et d'un langage. La question du sens étant intemporelle, c'est finalement le seul moteur par lequel la société peut se sublimer et se projeter au-delà des limites du temps et de la motivation strictement terrestre. Ainsi, le plan national de l'existence est le lieu où le collectif met son âme, en tant que Nation, au service du destin de l'Humanité. L'identité nationale devient alors une grille de lecture sur le monde, et c'est sa vocation première. Hélas, elle est aujourd'hui instrumentalisée par des esprits malveillants afin de semer les graines de la corruption dans le cœur de chacun. Par ailleurs, la dimension nationale est un universalisme humaniste et non une uniformisation par la domination, en ce sens qu'il n'y a véritablement de nation que si celle-ci a une identité enracinée et durable grâce à laquelle elle peut se projeter dans l'avenir et échanger avec d'autres nations sur le plan des aspirations temporelles et spirituelles. Si l'un de ces éléments vient à manquer, c'est par abus de langage, du point de vue de la Tradition, que l'on désigne par nation ce qui n'est rien d'autre qu'une simple structure administrative, ou pire, un plan collectif de l'existence qui, par absence de fondamentaux, ne débouche pas sur le plan national. D'un point de vue spirituel, il y a là une marque significative de dégénérescence. De même que les individus se complètent entre eux dans la vie conjugale ou sociale, les nations ont vocation à se compléter mutuellement. Les peuples doivent apprendre à se connaître et se reconnaître. Cela implique pour les nations la nécessité d'une identité réelle. Nous pouvons citer pour exemple la France Éternelle, nation fière et authentique, dont l'impulsion première fut le baptême de Clovis, qui fit de la France un lieu de résonance entre le spirituel et le temporel. Ainsi, et conformément à l'âme qui l'habite, la France n'a pas d'autre vocation que d'élever et d'honorer le Royaume de Dieu sur Terre, et de sublimer la condition terrestre de l'existence par les valeurs de la spiritualité, de la famille, et de la transmission, en proclamant la Gloire de Dieu. Ainsi, la France telle qu'elle est aujourd'hui dans une version falsifiée et désacralisée n'est que la gestion administrative des individus qui l'habitent, résultat de manipulations habiles et malveillantes à l'encontre de la mémoire humaine. Pourtant, elle porte toujours en elle les graines de l'espoir par lesquelles rejaillira, par la Grâce de Dieu, la splendeur de la France Éternelle et authentique.

L'UNICITÉ ENTRE LES PEUPLES

Les nations ont vocation à se découvrir, à se comprendre, et à se concurrencer dans la Sagesse et les bonnes œuvres. Chaque peuple investit le domaine du spirituel avec la sensibilité qui lui est propre, et la sincérité l'invite à vivre sa relation avec Dieu dans le cadre voulu par la Bienveillance divine. Il trouve au fond de lui-même la part d'Humanité qui lui permet de partager le bon cœur et l'expérience de Dieu avec les autres populations du monde. Le domaine de la piété et de la recherche permanente de l'équilibre et du juste milieu dépasse de loin les idéologies et les calculs. Dans ce dialogue sur l'intemporel, les peuples du monde apprennent à profiter des nuances dans la fibre spirituelle des uns et des autres pour bâtir un tronc commun permettant d'aborder la question du sens, et d'explorer les richesses de la Révélation, élément fondateur de la Civilisation. Ainsi, l'unicité entre les peuples passe par la diversité et résulte d'un cheminement et d'une coordination des cœurs et des faits, car l'Unicité directement réalisée est celle de Dieu Seul, loué soit-Il.

Chapitre 7

Civilisation & Tradition

Si la notion de Civilisation était autrefois confondue dans celle de Tradition, puisqu'elle en constitue une facette, les préoccupations de notre époque appellent à investir celle-ci de façon plus précise pour en extraire une grille de lecture plus à même de pointer les fissures qui mettent en péril les piliers de la Tradition. Ainsi, cette différenciation distingue le Souffle Universel (la Tradition) de son support d'application terrestre (la Civilisation), qui est la base essentielle et fondamentale de tout comportement adamite authentique.

La Tradition désigne les savoirs qui permettent à l'Humanité de cheminer vers sa Réalisation et sa responsabilité primordiale. La Civilisation, quant à elle, est le support qui permet à la Tradition de se manifester et de s'exprimer. Elle désigne le cadre collectif qui définit le mode de progression individuel à partir duquel la collectivité porte l'individu vers sa vérité, tout en faisant progresser le collectif. Un simple regard sur les principes de la Civilisation permet d'en extraire quelques axes de réhabilitation.

LES PRINCIPES DE LA CIVILISATION

L'élément initial, nécessaire à l'élévation de la Civilisation est la capacité et la volonté pour les individus qui composent un groupe de sacrifier et d'abandonner une partie d'eux-mêmes au bénéfice du collectif. Ceci, à l'image du cheminement spirituel où l'itinérant apprend l'extinction de soi pour vivre en Dieu. Nous retrouvons là un credo pour l'Humanité évoqué précédemment : trouver l'unicité dans la diversité pour cheminer vers l'Unicité de Dieu. Ainsi, dans la définition de la norme et de ses déclinaisons, le bien collectif prime sur les aspirations individuelles. Ce premier pas est l'émergence de la Vérité au sein de la communauté.

Vivre en société suppose des règles de bienséance et des lois. La Tradition nous renvoie avant tout à la Loi Révélée, marqueur universel, à partir duquel l'Homme puisera inspiration et philosophie s'il est amené à fixer à son tour des règles, dans le prolongement de la Loi divine.

Par ailleurs, le savoir est un support essentiel du modèle Traditionnel de vie en société. C'est par la science que se transmettent l'éducation et l'instruction, et c'est par elle que s'effectue tous les développements qui permettent la mise en œuvre d'une civilisation prospère. La recherche et l'acquisition du savoir sont également des éléments fondamentaux du comportement religieux, essentiel pour la gestion des affaires sociales ou sociétales.

Autres facteurs conséquents de la Tradition : le pardon, la grâce, la charité, et la redistribution des richesses opèrent par l'ordre de Dieu dans l'intérêt de la cohésion sociale. Le sentiment d'appartenance à la communauté nationale est ainsi renforcé, de même que celui du devoir envers la patrie, prolongement du devoir envers le Divin, loué soit-Il.

Cette résonance sociale est portée par la raison au sens spirituel du terme, et par la lucidité intérieure, seule à même d'évaluer les justes mesures et les justes proportions. Cela implique que la société soit portée par la Foi, et que ceux qui dirigent le peuple incarnent la Sagesse. En effet, lorsqu'une civilisation est basée sur autre chose que la lucidité intérieure et la Réalisation en Dieu, le peuple se retrouve en état de négligence vis-à-vis de lui-même, laissant à quelques privilégiés mal intentionnés le soin de diriger son destin. A l'inverse, s'il est porté par la Vérité et par une Foi sincère, le peuple est en mesure d'exiger des dirigeants vertueux, justes, et équitables. Dans les deux cas de figure la Tradition est claire : les peuples sont gouvernés par les dirigeants qu'ils méritent.

La recherche de l'excellence, finalement, caractérise une civilisation authentique qui coordonne ses comportements et son état d'esprit. Elle préserve l'individu du poids de la collectivité, et protège la communauté d'inspirations malvenues, isolées ou marginales. Parallèlement, celui qui veut cheminer au-delà du simple cadre défini par la norme dispose autour de lui de tous les outils nécessaires, car la Réalisation, intérieure ou collective, est le dessein de la Civilisation.

LUMIÈRE ET TÉNÈBRES

Cet effort continu dans la recherche de l'excellence nous rappelle que la Lumière et les Ténèbres sont en opposition permanente. L'être humain, en tant que représentant de Dieu sur Terre, est partie prenante dans cette affaire. Il a pour mission de faire régner sur Terre l'équilibre et l'harmonie, et donc la Lumière.

La Lumière et les Ténèbres agissent chacune selon le champ d'action que Dieu leur a attribué : si l'Homme délaisse sa responsabilité il laisse peu à peu aux Ténèbres la possibilité d'exercer leur autorité sur le monde. A l'inverse, s'il reste ancré dans la voie droite et heureuse de la Sagesse, c'est à la Lumière qu'il ouvre les portes de son coeur.

LA SCIENCE

Chapitre 1

Sciences et Connaissance

La Sagesse ancienne nous enseigne que tout est lié avec tout, s'assemble et se croise, dans un lien d'interdépendance. Du sort de l'un dépend le sort de l'autre. Dans la Tradition, ce rapport indéfectible est au cœur de la Doctrine, celle-ci décrivant la relation entre l'Homme, la Nature, le Cosmos, et l'Univers. Portées par l'Esprit, les considérations principielles de la Tradition définissent les hiérarchies fondamentales, au-travers desquelles le transcendantal est rattaché en permanence au réel et au concret. A partir de là intervient la notion d'expérience, qu'elle découle du cheminement, ou d'un examen du concret.

SCIENCE ET CONSCIENCE

Le Souffle Universel nourrit toute chose, en permanence, spécifiant au passage le lien de causalité entre la condition horizontale et la verticalité.

Ce lien, au cœur de tout modèle Traditionnel, est une application du réel au concret, tandis que le lien d'interdépendance est une définition du réel. Ceci, parce que le Souffle Universel est une expression par laquelle on désigne l'émanation des Noms et Attributs de la Vérité, et parce que la raison première de la verticalité est de structurer la manifestation du fait horizontal. Encore et toujours, nous sommes rappelés au concret et à l'expérience vécue. Le mouvement du « haut » vers le « bas » se caractérise dans le Temps, l'Espace, et la Matière. Le contexte horizontal permet donc la lecture de ce Souffle Universel pour définir un mouvement du « bas » vers le « haut ». Ces deux mouvements sont continus, incessants. Ils ont pour finalité d'apporter à l'Homme une fécondité plénière dans tous les aspects de sa vie.

La situation du croisement entre l'axe vertical et l'axe horizontal donne la tonalité de l'équilibre obtenu : harmonie ou dissonance. Les Révélations successives furent ainsi le moteur de toute civilisation, et du point de vue de la Tradition, il n'y a pas lieu de dissocier l'expérience de la vie de l'expérience de la foi. A ce titre, l'expérience vécue, individuelle ou collective, est un médiateur légitime de l'exploration du réel et du concret.

SCIENCE TRADITIONNELLE ET SCIENCE MODERNE

La Science, toujours au regard de la Tradition, est l'ensemble des savoirs dont l'épicentre est ce point de croisement que nous venons d'évoquer. La Connaissance, quant à elle, est l'ensemble des savoirs qui portent sur la nature transcendantale de la verticalité, et la manière dont elle structure l'ensemble des possibilités horizontales. Car la sphère horizontale est spécifiée par une diversité quasi-infinie de ses déclinaisons. Il devient alors possible d'investir le monde horizontal sans considérer la finalité primordiale, et par extension, la question du salut. Ceci se fait par l'emploi d'outils qui se sont vus attribués le nom de sciences, par abus de langage. Ces sciences ont pour vocation de rassembler des constatations empiriques, de les traiter, et d'en tirer du savoir. La procédure est donc inverse à celle de la Science Traditionnelle, pour qui la notion théorique n'a pas lieu d'être puisqu'elle s'intéresse directement au vécu et au concret, et parce qu'elle a déjà identifié les hiérarchies fondamentales.

La science moderne permet, comme nous l'avons vu, de traiter la sphère horizontale en dehors de toute considération Traditionnelle. Dans ces conditions, on ne parle pas de Réalisation plé-

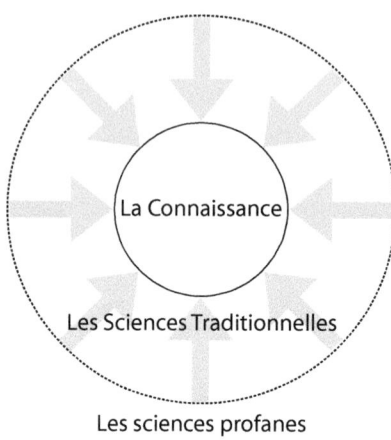

Les sciences profanes

nière, mais plutôt d'accommodements, tant bien que mal, à un système qui va de compromis en compromis pour tenter d'assurer sa survie. En cela, la méthode scientifique moderne, si ses apports au quotidien sont notoires, ne doit pas servir de support privilégié pour l'élaboration d'un modèle de civilisation. Car dépourvue du réel et de la verticalité elle prive l'Humanité de son âme, de son identité, de ce qui la protège. En effet, sa définition de la verticalité est abstraite, voir infondée. Par ailleurs, elle ne renvoie pas à l'expérience vécue et au concret, et polarise ses centres d'intérêt autour de considérations mathématiques ou financières. Mais pour la Science Traditionnelle, le renvoi à l'expérience vécue et au concret est préalable au quantitatif, sans le négliger. Sa vocation est justement d'être le trait d'union entre le réel et le concret, rendant le rapport du concret à l'expérience vécue parfaitement valable comme outil scientifique.

En réalité, cette comparaison entre la Science Traditionnelle et la science moderne est injuste, pour l'une comme pour l'autre. Elles sont différentes, tant sur le fond que sur la forme. Elles n'ont pas les mêmes finalités, ni les mêmes prétentions : la Tradition vise la Réalisation plénière, et la science moderne cherche à établir un langage autonome de compréhension du monde. Les deux méthodes sont distinctes, donc, mais valables si elles sont employées pour ce qu'elles sont. La complication intervient dès lors que la science moderne observe l'universel, puis met en comparaison, et avec ses seuls outils, les conclusions des deux méthodes en portant un jugement définitif. Or, s'il est bien un domaine dans lequel la Tradition est universelle, c'est dans sa capacité à produire une cosmogonie cohérente, vectrice à la fois d'applications concrètes, de développements métaphysiques. Ce que la science moderne ne peut produire. Elle n'en a pas, d'ailleurs, la vocation.

La persistance du fait religieux, dans un paradigme réfléchi autour de la science moderne, montre que malgré tout ce qu'elle est capable d'engendrer, sa méthode reste incapable d'appréhender et d'éclaircir certains aspects de la réalité, ou du quotidien. C'est une spécificité de la méthode Traditionnelle que de pouvoir répondre à tout cela en même temps. Ses principes ne visant pas une finalité mathématique, ses résultats peuvent s'avérer différents de ce que propose la science moderne dont les dogmes changent très régulièrement. Différents ne veut pas dire en opposition. Gardons simplement en tête que la science moderne élabore des procédés reproductibles et des théories en passant par l'analyse du quantifiable, tandis que la méthode Traditionnelle relie le réel au concret par l'expérience vécue, l'introspection de l'âme, et le Verbe de la Sagesse. Ce qui ne l'empêche pas d'élaborer des procédés reproductibles ou d'avoir des pensées théoriques, qui permettront par la suite de sonder la Doctrine de manière plus ciblée, et non pas en tant que finalité. Les chapitres qui vont suivre seront l'occasion de découvrir certaines Sciences Traditionnelles. Loin d'être une introduction à ces Sciences, il s'agit avant tout d'en dévoiler certains aspects et de sensibiliser le lecteur sur une façon de penser différente.

Chapitre 2

Mathématiques : la Sagesse des nombres et des formes

« *Ceux qui dépensent leurs biens dans le chemin de Dieu sont semblables à un grain qui produit sept épis ; et chaque épi contient cent grains.*
Dieu multiplie à qui Il veut.
Dieu est présent partout et Il sait. » (*Coran*, 2:261)

L'usage historique du pluriel pour les mathématiques nous vient de l'antiquité où cette discipline se répartissait en quatre disciplines différentes que sont l'arithmétique (la science du nombre), la géométrie (la science des formes), l'astrologie (la science des cycles) et la musique (la science de l'harmonie). Au moyen-âge, cette déclinaison des mathématiques était connue sous le nom de quadrivium. Pour la Tradition, cette répartition n'est cependant pas nécessaire car toutes les Sciences Traditionnelles sont indissociables et forment un ensemble cohérant qui plonge l'individuel et le collectif au cœur de la Doctrine.

Dans l'éventail des sciences modernes en revanche, les mathématiques sont une science à part. Science exacte par excellence, les mathématiques construisent le raisonnement logique à partir duquel est bâti chaque science. Sa réputation la présente comme infaillible : ce qui est mathématiquement prouvé est nécessairement vrai, hors de toute polémique ou ambiguïté. Nous allons voir que la réalité est autrement plus complexe, et que cette lecture faite de raccourcis conduit à ce genre d'exagération plus proche du slogan que d'une réalité scientifique indiscutable.

LE ZÉRO

Prenons, pour commencer, l'ensemble des nombres entiers représenté par les mathématiques modernes, de la manière suivante :

$$... - 3; -2; -1; 0; 1; 2; 3...$$

On retrouve au centre le ZERO, à droite les nombres positifs et à gauche les nombres négatifs. Cette suite, on ne peut plus classique, interpellera un œil averti, car le curseur qui positionne normalement le UN au centre ou à l'origine a été déplacé

sur une entité abstraite et inconnu qu'est le ZE-
RO, ni naturel, ni pair, ni impair, ni négatif, ni
positif. Inconnu car, le ZERO n'a pas toujours été
présent dans les mathématiques, son apparition
ou sa disparition sont intimement liées à l'histoire de la pensée humaine et à l'idée qu'elle se
fait du vide, de l'infini et de la science au sens
large. Ce n'est qu'au XVème siècle, notamment
sous l'influence de la philosophie hindoue, que le
ZERO va prendre la forme qu'on lui connaît aujourd'hui.

Pour la Tradition, le ZERO est à son image, c'est-
à-dire un cercle privé de son centre. Et le choix
de l'inclure dans les mathématiques n'est pas ano-
din, mais résulte d'une volonté d'introduire dans
les esprits et dans les mœurs l'idée de vide ou
de néant en tant que réalité tangible. En effet, la
normalisation du ZERO a eu de lourdes conséquences dans les mathématiques, et son évolution
a accompagné la négation du mode de vie traditionnelle qui siècle après siècle gagnait du terrain
en Europe et dans le reste du monde. Or, si le vide
n'existe nul part dans l'univers, ni dans l'atome,
ni dans l'espace intersidéral, son existence est aujourd'hui répandue et largement acceptée hors
de toute réalité, même dans les communautés de
croyants. La science nous dévoile ici un de ses ef-

fets pervers : en tant que formatrice de la pensée, elle gangrène les cœurs et détourne les regards du réel en lui donnant une image qui n'est pas la sienne.

Quoi qu'il en soit, cette matérialisation d'une entité abstraite opéra une fracture entre les mathématiques et le concret, et fut la porte ouverte au développement d'une logique complexe en marge de la réalité. Cette fracture entre les mathématiques et le concret, engendre d'autres choses étonnantes. Par exemple les mathématiques modernes sont vides de sens dès lors qu'elles ne sont pas utilisées dans le cadre d'un autre domaine. Utilisées pour elles-mêmes elles ne conduisent à rien, si ce n'est à une surenchère de l'abstrait et à un éloignement du réel.

De par son titre de « science exacte » les mathématiques modernes ont ainsi placé l'exactitude dans le virtuel. Mais surtout, elles ont conduit à considérer la réalité naturelle comme approximative et imparfaite.

LES PARADOXES MATHÉMATIQUES

Les paradoxes ou les antinomies sont des contradictions logiques donnant lieu à des absurdités. Les mathématiques modernes, n'étant basées sur

rien de traditionnelle, comptent plusieurs paradoxes qui démontrent la fragilité de son modèle
de pensée.

Prenons l'exemple suivant :

$$x = 0,999...$$
$$10x - x = 9,999... - 0,999...$$
$$9x = 9$$
$$x = 1$$

Ainsi 0,999... = 1 ce qui est absurde.

Mais le plus étonnant arrive ensuite. Car plutôt
que de considérer le paradoxe en tant que tel, certains de nos contemporains ont préféré travailler
sur une manière pédagogique d'expliquer à leurs
étudiants les plus réfractaires que, oui, 1 est bien
égal à 0,999... contre toute logique et au-delà du
bon sens. L'erreur serait donc de croire que 1 est
différent de 0,999... alors que cette différence s'observe à l'œil nu.

Cette volonté de transformer une chose en une
autre et d'obtenir du public son approbation, n'est
pas propre au domaine des mathématiques. Il
s'agit d'un phénomène global, bien identifié par
la Tradition, dont la finalité est d'étendre la corruption dans le cœur des Hommes jusqu'à les

rendre incapables de distinguer une chose pour ce qu'elle est, sa fonction, sa nature, son utilité, et l'impact bon ou mauvais qu'elle exerce sur eux-mêmes.

Prenons la suite arithmétique suivante :

1; 2; 3; 4; 5; 6; 7; 8; 9; 10...

Cette suite commence par le nombre Un. En effet, la représentation d'entités abstraites n'a que peu d'intérêt pour la Science Traditionnelle car elles détournent du concret et du réel. Le Un, en revanche, est l'entité par laquelle l'ensemble des nombres prennent vie. Du Un naît le Deux puis l'ensemble des nombres. Le Un est Unique, indivisible et sans partie. Si l'histoire du UN et du ZERO résume à elle seule les deux philosophies dominantes dans la communauté des Hommes, le passage du Un au Deux contient en lui-même tout le secret de la vie, car de l'unicité émerge la multiplicité, la dualité et l'altérité.

Le Un est à la fois le 1 et le Tout car il est présent dans chaque nombre et dans chaque manifestation. Si le 1 n'existe plus, tous les nombres disparaissent avec lui, alors que si les nombres n'existent plus, le Un subsiste par Lui-même de toute éternité.

Les nombres s'éloignent et se rapprochent du Un : par addition ils s'en éloignent, et par soustraction ils s'en rapprochent. A ce propos, la Spiritualité nous enseigne que l'itinérant doit se soustraire à lui-même pour que seule la Vérité transparaisse à travers lui. La Réalisation peut s'apparenter à une « extinction de soi dans la grande Vérité de Dieu » car l'individu s'efface et seule la Vérité subsiste. A l'inverse, un enracinement dans la matière éloigne de l'Unité primordiale et de toute possibilité d'accomplissement.

En revanche, chaque nombre est porteur de Son Empreinte, et constitue, de fait, un intermédiaire pour accéder à Lui. Chaque nombre peut aussi être compris comme un Voile que Dieu manifeste entre Lui et Sa créature, de sorte que, dans sa progression, l'individu se rapproche du Un à mesure que les voiles des créatures disparaissent à ses yeux. Le Un est à la fois le début et la fin, ce à partir de quoi tout est possible (l'addition) et ce par quoi tout finira (soustraction).

LA DUALITÉ

La suite arithmétique suivante illustre des principes complémentaires :

$$...\frac{1}{5}; \frac{1}{4}; \frac{1}{3}; \frac{1}{2}; 1; 2; 3; 4; 5...$$

Deux progressions s'effectuent de part et d'autre du Un placé au centre. C'est le principe de la dualité qui est symbolisé ici. Dieu ayant créé toute chose par couple, seul le Un est Unique et se distingue du reste des nombres. Chaque créature implique nécessairement un contraire, d'une nature sensiblement différente, qui lui est complémentaire ou opposé.

A titre d'exemple, la Révélation nous enseigne que Dieu a créé les Hommes de terre et d'eau, et les Jinns (créatures invisibles) de vent et de feu. Les Hommes et les Jinns se distinguent à leur tour par le masculin et le féminin, tous deux différents mais complémentaires.

Dans notre suite arithmétique, on constate que 2 à son contraire ½ et 3 à son contraire ⅓. La multiplication d'un élément par son contraire restitue l'Unité, symbolisant ici l'harmonie et l'équilibre retrouvés par la complémentarité. La Création dans son ensemble est sensible et perceptible grâce à l'Unique qui manifeste Ses Noms et Ses Attributs à travers le principe de la dualité. Ici 2 et ½ sont différents tout en partageant une donnée commune, comme les deux points d'un cercle séparés par le diamètre et reliés par son centre. Ainsi se distingue le chaud et le froid, le jour et la nuit, le masculin et le féminin.

Avec la dualité, la Tradition insiste sur la nécessité pour chacun d'affirmer ses qualités propres et sa sensibilité car la différence de l'un est une richesse nécessaire à l'autre. A l'opposée, la négation du réel conduit à la dissolution des identités et coupe toute possibilité d'accomplissement, comme nous l'avons déjà évoqué précédemment.

LES CONSTANTES

Le Un est le symbole de l'Unité Primordiale : c'est de lui que découlent tous les entiers naturels. Il est Unique et Se suffit à Lui-même, par opposition à la multiplicité de tous les autres nombres qu'Il génère. En Géométrie, le Un est symbolisé par un point ou par le centre d'un cercle.

Le cercle fait d'une infinité de points représente la sphère horizontale de la Création et symbolise la multiplicité qui gravite autour d'un centre unique. L'existence du cercle ne se justifie que

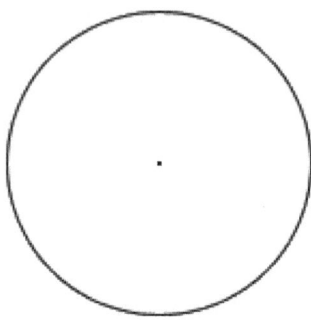

par la présence de son centre fixe et invariable,
à l'image de Dieu, autour duquel gravite Sa Création en perpétuel mouvement.

La Tradition nous enseigne que Dieu n'est soumis
ni au Temps, ni à l'Espace, ni à la Matière, glorifié soit-Il. Dieu était et rien n'était avec Lui, et Il
est aujourd'hui comme Il a toujours été. Celui qui
croit en Dieu saisit l'anse la plus solide à partir de
quoi il part à la découverte de son destin.

La science moderne, quant à elle, définit un certain nombre de constantes usitées dans les différents domaines qu'elle exploite. Hélas pour elle,
elle découvre peu à peu ce que la Tradition a défini depuis des millénaires : l'univers tout entier

est en mouvement, et les « constantes » comme la vitesse de la lumière, la gravité, et tant d'autres, sont changeantes. L'assise, à priori solide, que la science moderne s'était elle-même construite s'effrite peu à peu, l'obligeant à se renouveler sans cesse dans une fuite en avant vide de certitude.

LES ARRONDIS

Pi π : La quadrature du cercle est un problème mathématique, connu pour être insolvable, qui consiste à essayer de dessiner un carré et un cercle ayant une aire strictement identique.

L'approche choisie par les mathématiques modernes pour résoudre ce problème a été de quantifier et de comparer chacune des aires : celle d'un carré s'obtient en multipliant L x l et celle d'un cercle en multipliant π x r². Cette quantification ignore la différence de nature, ou de qualité, des deux formes. Elle tente de confondre deux univers différents par un passage en force. L'entité π intervient dans de nombreux domaines comme la physique et l'ingénierie, et débouche sur tout un tas d'applications pratiques omniprésentes dans notre vie de tous les jours.

Hélas, la science moderne a fait des choix dans l'édification de son logiciel qui ne sont pas sans conséquence. π, par exemple, s'est vu dénaturée et remplacée par des approximations qui lui ont fait perdre son sens symbolique et sa valeur concrète. Un compromis en entraînant un autre, l'usage de ces approximations pour produire des outils, lors du retour au concret, ne se fait jamais sans douleur. Ainsi, par exemple, le maintien du train de vie de l'Homme moderne engendre la destruction de son milieu de vie. A l'heure où l'Humanité s'interroge sur les énergies propres, sur fond de crise écologique, la réponse de la science moderne ne peut-être qu'imparfaite ou infondée car gangrenée par son modèle industriel, moral et économique.

π est un symbole numérique ayant une réalité géométrique : l'arrondir revient à fracturer le lien entre la géométrie et l'arithmétique, et ce choix ajouté à d'autres conduit à des conséquences malheureuses aujourd'hui visibles par tous. Cet exemple de la quadrature du cercle nous permet de montrer que certaines choses cohabitent dans un même univers tout en étant, par nature, fondamentalement différentes. Si cette différence de nature est respectée, il devient alors possible de travailler avec les particularités des uns et des autres dans un même exercice pour obtenir des outils puissants, notamment en architecture, en industrie, en sciences sociales ou en médecine.

LA PROPORTION DORÉE φ

La proportion dorée, tout comme π, exprime une proportion fondamentale utilisée principalement en architecture. Avec la proportion dorée on peut dessiner une spirale appelée spirale d'or. Il est possible d'en obtenir une approximation à partir de la suite dite de Fibonacci :

La spirale va de l'infiniment petit à l'infiniment grand, ou de l'infiniment grand à l'infiniment petit selon le sens par lequel on décide de suivre son cheminement.

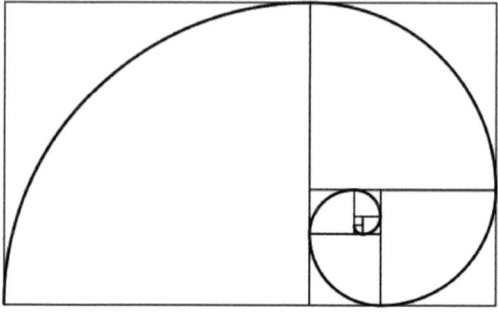

Nous sommes ici dans une dualité de type vertical qui définit les proportions, les progressions, sans que ces dernières s'opposent ou se complètent. Dans notre exemple, toute opposition ne prend sens que d'un point de vue relatif, à savoir un point déterminé, statique, précis, positionné sur la spirale, à partir duquel les notions d'infiniment grand et d'infiniment petit prennent du sens et entrent dans le domaine du quantifiable. La dualité verticale n'est qualifiée comme telle que par la lecture horizontale qui la rend intelligible. En effet, et d'un point de vue horizontal, la spirale ne définit aucun lien de dualité contraire, opposée ou complémentaire : elle poursuit son mouvement, dans un sens comme dans l'autre, vers l'infini.

Arrondir φ pose les mêmes problèmes et conduit aux mêmes conséquences que ce que nous avons vu avec π.

L'ARITHMÉTIQUE OPÉRATIVE

Au regard de la Tradition, l'arithmétique est à appréhender sous le prisme du Bien et du Mal et de la responsabilité adamite qui lie l'Homme à sa mission. Encore et toujours, l'expérience individuelle et collective sont au cœur des préoccupations traditionnelles. Dieu nous renseigne qu'une mauvaise action est comptabilisée dans la balance des œuvres de chacun comme une mauvaise action, mais qu'une bonne action peut être multipliée selon ce que Dieu décide d'octroyer à Son serviteur. Quantifier ce procédé revient à écrire quelque chose comme :

$$1 = x$$

Où x est compris entre 1 et l'infini.

Ce procédé est parfaitement visible et identifiable à l'œil nu. La graine une fois semée produira des épis qui à leur tour produiront d'autres graines identiques. En revanche, semer une substance chimique ne produira rien. L'Homme peut apprendre à identifier ce processus et faire des mathématiques un outil utile pour comprendre ce qui lui est bénéfique de ce qui ne l'est pas.

La falsification du réel à nos yeux nous a amenés à croire que les affaires de ce bas monde sont régies par des lois arithmétiques assimilant donner et recevoir à soustraire et additionner. La Sagesse nous enseigne le contraire : celui qui donne récolte plus que celui qui reçoit. Et celui qui s'octroie les choses de façon malhonnête a tout perdu.

Ainsi du point de vue de la Tradition, l'axiome « rien ne se perd rien ne se crée tout se transforme » est aussi indémontrable que faux. La notion de « ressource » qui implique un moyen limité auquel on peut recourir dans une durée limitée, n'est vraie que dans une certaine mesure bien définie. Reste à la science moderne de le découvrir.

« *Créateur des cieux et de la terre, lorsqu'Il a décrété une chose, Il lui dit seulement : "Sois !", et elle est.* » (*Coran*, 2:117)

LA GÉOMÉTRIE OPÉRATIVE

Comme pour l'arithmétique, la géométrie regorge de possibilités quand il s'agit d'en tirer des applications pratiques. La plus connue de toutes

est sans doute l'architecture, et ce domaine méri-
terait d'être traité en profondeur avec les outils et
les experts adéquates en considérant les données
mises à disposition par la Tradition. La science
véritable étant la science utile, on trouverait sans
difficulté que la meilleure habitation est l'habitation la plus simple.

LA MÉDECINE

Appliquer à la médecine, la géométrie nous montre
que rien n'est laissé au hasard, et que le corps humain est une véritable géométrie vivante. L'étude
des proportions nous permettra d'en extraire des
mesures qui deviennent d'excellents outils de
diagnostics capables de pointer les réhabilitations
à opérer avec précision.

Prenons un exemple. Le schéma suivant montre
deux mesures qui s'effectuent autour du crâne.
L'intéressé pourra utiliser une ficelle ou une
corde pour prendre la mesure, mais cette dernière
ne doit pas être élastique pour ne pas fausser le
résultat.

Chez un individu sain, doté de toutes ses facultés
cognitives, on trouvera ces deux mesures identiques. Si une différence est constatée on évaluera

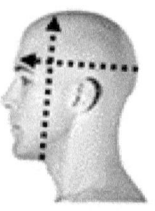 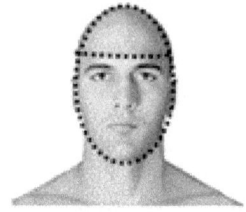

cet écart avec la taille de la largeur des doigts de la main :

- Un écart d'un doigt signifie que les facultés cognitives de l'individu sont touchées sans que la gêne ne soit pour autant un obstacle.

- Deux ou trois doigts sont le signe de difficultés réelles éprouvées par l'individu. On constatera par exemple des difficultés dans le langage, la mémoire, la concentration, l'apprentissage, l'attention, le discernement et tant d'autres symptômes que chacun appréciera à sa manière.

- A partir de quatre doigts le handicap est sévère et visible, et la situation est préoccupante.

Une technique d'une simplicité remarquable consiste alors à resserrer la tête de l'individu, soit avec un casque, un foulard, ou avec les mains, en maintenant la boîte crânienne à l'arrière et à l'avant, ou sur les côtés. Une fois l'exercice terminé, reprenez les mesures pour constater les résultats.

Cet exercice très sommaire et pourtant d'une efficacité redoutable illustre l'art avec lequel chaque chose a été créée. Bien sûr, il existe des applications plus complexes. Utilisée comme outil d'analyse et comme support de projections scientifiques, la géométrie nous ouvre les portes de la compréhension de réalités concrètes et subtiles. C'est le cas, par exemple, avec le « papillon », une figure géométrique décrivant le principe de l'harmonie. Appliquée au corps humain, elle nous indique le cœur comme élément central à partir duquel s'opère la mécanique du corps.

Etudier et comprendre les lois universelles qui régissent la Création ouvre les portes de la connaissance de Dieu, et de la connaissance de soi, mais il ne s'agit pas d'une chose simple, ni d'une chose rapide. Il s'agit plutôt d'un enjeu central nécessitant la participation de tous.

CHAPITRE 3

ASTROLOGIE : LA SAGESSE DES ASTRES

« Ha, Mim. La révélation du Livre émane de Dieu, le Puissant, le Sage. Il y a certes dans les cieux et la terre des preuves pour les croyants. Et dans votre propre création, et dans ce qu'Il dissémine comme animaux, il y a des signes pour des gens qui croient avec certitude. De même dans l'alternance de la nuit et du jour, et dans ce que Dieu fait descendre du ciel, comme subsistance par laquelle Il redonne la vie à la terre une fois morte, et dans la distribution des vents, il y a des signes pour des gens qui raisonnent. Voilà les versets de Dieu que Nous te récitons en toute vérité. Alors dans quelle parole croiront-ils après [la parole] de Dieu et après Ses signes ? » (*Coran*, 45:1-6)

L'Astrologie est un exemple intéressant de la manière avec laquelle la Tradition éclaircit notre compréhension du monde. Science véritable pour les uns, superstitions pour d'autres, un dialogue de sourds s'est instauré entre ses partisans et ses détracteurs. Si cela peut prêter à sourire, ou à l'indifférence, il y a là, pourtant, un indicateur inquiétant. L'incompréhension des élites vis-à-vis de la Tradition et la marginalité de sa transmission au sein du peuple sont des signes majeurs d'une civilisation décadente et en bout de course.

QUELQUES DÉFINITIONS

Une bonne compréhension des notions qui gravitent autour de l'Astrologie, et surtout ce qu'elle n'est pas, est nécessaire afin de démêler certains amalgames qui la concernent. Astrologie : vient du grec « *astron* », astre, et « *logos* », discours. Littéralement, « *discours au sujet des astres* ». Cette discipline met en relation les phénomènes célestes avec la perception ressentie, l'expérience vécue, et l'acquisition de Connaissances autour du réel, pour les soumettre au concret. C'est un domaine subjectif, qui laisse une place importante à l'interprétation.

Astronomie : du grec « *astron* », astre, et « *nomos* », loi ; signifie donc « *loi des astres* ». C'est l'étude des mouvements astraux, et de la mécanique céleste. Il s'agit d'une pratique purement objective, qui vise à déterminer l'organisation concrète du monde céleste, et ses propriétés.

Astromancie : mot formé à partir des racines grecques « *astron* », astre, et « *manteïa* », divination ; désignant un procédé de divination par l'interprétation des positions astrales.

Il faut bien distinguer l'activité qui aspire à comprendre les raisons quantifiables de la mécanique céleste, de celle qui consiste à interpréter les liens qui unissent chaque composante de la Création. Dans le cadre de cet effort, l'astrologie utilise les configurations astrales en tant que support, pour plonger au cœur de la Doctrine. La démarche astronomique, quant à elle, n'y voit aucun appui vers une réflexion interprétative sur le monde. Elle a pour seule finalité d'en comprendre les raisons physiques.

L'astronomie et l'astrologie ont en commun le souci de pouvoir calculer avec précision la position des corps célestes. L'astronome voudra ensuite préciser les origines mesurables de ces déplacements, tandis que l'astrologue s'intéressera plutôt aux implications des mouvements célestes dans les domaines de l'expérience, individuelle ou collective, et du vécu.

La frontière est mince, en apparence seulement, entre indiquer le potentiel d'une progression dans un environnement, et définir les caractéristiques d'évolution d'une période définie, précisée dans le temps par un ensemble de configurations astrales. Si l'astrologie vise la mise en relation de l'inné et de l'acquis par la structure de l'âme, l'astromancie se préoccupe essentiellement de déterminisme. Elle réfléchira éventuellement à faire coïncider une expérience concrète sur un contexte émotionnel défini par les astres.

Les trois domaines évoqués, tout en partageant quelques méthodes, ont des intentions différentes. Pour un astrologue, bâtir un ensemble de théories autour du cosmos n'a que peu d'intérêt. Celles-ci sont remises en cause à l'arrivée de chaque nouveau modèle faisant un tant soit peu autorité. Elles sont donc changeantes, peu fiables, d'autant plus que la Doctrine répond déjà à toutes ces questions. Par ailleurs, la surenchère du quantifiable détourne du concret. Elle ne mène qu'à la théorisation incessante, au virtuel, et à l'imaginaire. Il en découle une forme d'insécurité par le calcul, qui se manifeste dans beaucoup de domaines, pour aboutir à un modèle de civilisation instable par définition. L'Humanité est ainsi passée de l'ère du théorème à l'ère de la théorie.

Or, l'Astrologie, comme toutes les Sciences Traditionnelles, s'interroge avant tout sur le concret et l'expérience vécue. Elle peut même s'accommoder d'aborder l'environnement céleste selon sa modalité apparente tout en adoptant une méthodologie analogique, pour revenir ensuite au concret par l'objet de son interprétation. Cette démarche a permis à l'Astrologie de traverser les siècles en restant véritable, et fidèle à la Tradition. La science moderne, non formée aux subtilités de la Tradition, n'y verra qu'une « pseudo-science » ; étiquetage établi selon sa propre analyse et loin de toute objectivité réelle.

L'Astrologie examine l'expérience vécue, le réel, et la Connaissance. La Table d'Émeraude rapporte que : « *Ce qui est en bas, est comme ce qui est en haut, et ce qui est en haut, est comme ce qui est en bas, pour faire les miracles d'une seule chose.* »

Toute chose, en effet, est le reflet d'une autre, chacune se justifiant l'une à l'autre. C'est le rapport du Microcosme au Macrocosme, dans lequel l'Homme est privilégié. Possédant en lui les secrets de chacun des règnes de la Nature, il est le représentant sur Terre de l'autorité divine. Lorsqu'il chemine, il se réalise peu à peu en ce qu'il est, et devient alors porteur de cette autorité, à travers laquelle il fera résonner dans le monde l'équilibre et l'harmonie. En réalité, l'Astrologie se préoccupe principalement de cheminement et de Réalisation. Elle est un outil qui participe, avec d'autre, à la compréhension de la vie.

SYMBOLISME ET ANALOGIE

Les fondements initiatiques de l'astrologie sont l'analogie, le symbolisme, et le rapport du Microcosme au Macrocosme, que nous retrouvons une nouvelle fois dans toutes les Sciences Traditionnelles. Une analogie est un rapport de ressemblance entre deux choses. Elle permet de décrire le fonctionnement de l'univers, dans un premier temps, puis de méditer. Ce procédé est largement décrit dans les Textes, comme dans les six premiers versets de la sourate L'Agenouillée du Coran en introduction de ce chapitre.

La fonction méditative de l'analogie est finalement plus importante que son préalable intellectuel, mais le véritable atout de cette procédure est de combiner les deux à la fois. Néanmoins, au regard de la Tradition, l'analogie n'est pas seulement une modalité abstraite : elle a également une réalité concrète et opérative. Ainsi, en astrologie, on s'appliquera à lire les configurations astrales pour en conclure quelques éléments qui caractérisent les influences célestes. Saturne, par exemple, très éloignée des autres planètes et opérant de fait une révolution sur un très long terme, indiquera le retrait, et le fait intérieur. A l'inverse Mercure a une révolution rapide, et renseignera sur tout ce qui est subtil, et lié à l'intellect.

L'emploi du symbolisme est un indicateur significatif d'une discipline marquée par la transmission orale. Car enseigné correctement, le symbolisme résiste aux déformations culturelles et linguistiques. Il se constitua en école, au gré des philosophies spirituelles qui se développèrent au fil du temps. Le symbolisme vise à exprimer et compiler un ensemble de notions en un seul élément, ou groupe d'éléments. Ce procédé est récurrent dans la Tradition, particulièrement telle qu'elle fut rapportée par la Sagesse ancienne.

Pour rester dans l'Astrologie, nous allons illustrer notre propos par un exemple très révélateur. La période du 21 mars au 20 avril désigne le retour du printemps. Les forces en sommeil depuis la fin de l'automne se réveillent, reposées, revigorées, rafraîchies, et c'est un nouveau cycle qui démarre. En Astrologie, ce moment spécifie des notions d'impulsivité, de jaillissement, d'énergie. Pour résumer cela, les Anciens ont désigné cette période par le Bélier.

Concernant le rapport du Microcosme au Macrocosme, la Tradition rapporte que tout est relié avec tout, dans un lien d'interdépendance. Ceci est, en outre, une manifestation de l'Unicité de Dieu par laquelle le Seigneur montre Sa Majesté divine. En effet, si le Créateur n'a besoin de personne, en dehors de Lui-même, exalté soit-Il, la créature a besoin de Dieu en permanence, dans Sa Bienveillance directement manifestée ou lorsqu'elle opère à travers les créatures. L'Homme, cependant, est un cas à part. Dépendant lui aussi du reste de la création et de sa propre communauté, il est le représentant de Dieu sur Terre et a pour rôle de faire régner l'équilibre et l'harmonie dans le monde. Pour se faire, le Créateur a mis en lui un trésor unique. Son interne, tant dans ses réalités concrètes que subtiles, est un univers à échelle réduite. Il réagit de la même manière que l'univers aux conséquences de l'harmonie ou de la dissonance. L'Astrologie devient alors un support de diagnostic, mais aussi un outil de pointage pour affiner les réhabilitations à opérer, en vue de corriger les déséquilibres.

L'Astrologie s'intéresse aux grands cycles de l'univers, tissant des liens entre cosmogonie, cosmologie, et l'âme vivante de toute chose, car, on le sait, dans les secrets des cieux et de la terre, « 'il y a des signes pour des gens qui raisonnent ». Il n'est point question de divination ou de prédire l'avenir, mais bien au contraire : c'est le présent et l'art de le vivre qui sont au cœur de la préoccupation astrologique. Il s'agit donc de déterminer les énergies en jeu, et dans ce travail l'Astrologie n'est qu'un complément parmi d'autres qui s'inscrivent dans le grand corpus des Sciences Traditionnelles. Employée seule, l'Astrologie n'apporte que peu d'éléments. Mais lorsqu'elle est utilisée dans une démarche correcte et authentique, elle prend tout son sens. Elle devient alors une lentille supplémentaire qui permet de mieux faire le diagnostic d'un contexte, particulier ou général.

L'astrologie individuelle, qui vise à définir les caractéristiques d'une personnalité ou d'une situation, est venue bien plus tard, et constitue une première régression. Dès lors qu'elle n'est plus une mise en relation d'une situation globale au temporelle, l'Astrologie perd de sa raison d'être primordiale, et glisse lentement vers des disciplines blâmables et à éviter. Elle s'est petit à petit transformée par ce biais-là en une astromancie, destinée à la voyance. Nous sommes ici bien éloignés des considérations premières de l'Astrologie, véritable porte vers la spiritualité du quotidien, qui visent à comprendre l'Âme dans les mouvements du vivant, qu'ils soient spirituels, matériels, ou métaphysiques.

Chapitre 4

Alchimie : la transformation
des cœurs

« *Nous avons certes accordé une grâce à David de notre part. Ô montages et oiseaux, répétez avec lui les louanges. Et pour lui Nous avons amolli le fer. En lui disant "Fabrique des cottes de mailles complètes et mesure bien les mailles." Et faites le bien. Je suis Clairvoyant sur ce que vous faites.* » (*Coran*, 34:10-11)

Bien qu'on en sache davantage sur l'histoire de l'Alchimie que sur celle de l'Astrologie, son origine est méconnue. Les plus anciens écrits alchimiques datent de l'Égypte Pharaonique mais il est certain qu'elle est bien plus ancienne car, s'agissant d'un savoir transmis oralement, les premières traces écrites prouvent seulement son existence à des périodes données, mais rien concernant sa découverte. A ce propos, les premières traces de transmission écrite ont été perçues comme un début de régression car le besoin de mettre sur papier un savoir oral et secret dénote une certaine peur de le perdre.

A raison peut-être, car après la conquête Romaine de l'Égypte, les secrets initiatiques passèrent dans les mains des Grecs qui en firent des traductions, dont notamment le « Corpus Hermeticum », texte révélé à Hermès Trismégiste (« Hermès trois fois Grand ») qu'on identifie à Thoth, désigné comme le dieu Égyptien des arts et des sciences, et considéré par beaucoup comme fondateur de l'Alchimie.

C'est de cette période, le début de l'Ère Chrétienne, que datent les premiers traités alchimiques. Dès lors, l'Alchimie est constituée et elle traversera les âges sans changer de forme. Après les invasions barbares en Occident, les écrits passèrent en Orient aux Arabes qui sauvèrent et traduisirent les rares textes Grecs qui subsistaient, notamment « la Table d'Émeraude », un texte court qui présente l'enseignement d'Hermès en quelques allégories et qui faisait figure de « table de la loi » de bon nombre parmi les alchimistes.

Par la suite, de multiples textes revinrent en Europe dans les mains des Croisés et la pratique alchimique commença à se répandre en Occident, tout particulièrement à partir du XIVème siècle pour atteindre son apogée au XVIIème siècle. A cette époque, l'alchimie est dans tout : des adeptes sillonnent l'Europe en opérant des transformations devant témoins, chaque couvent possède son petit laboratoire et les princes engagent des alchimistes pour obtenir le secret du « Grand Œuvre ». Cependant, et certainement à cause de cet engouement, l'alchimie arrive en pleine décadence au XVIIIème siècle : parmi les nombreux chercheurs, on trouve bon nombre de souffleurs, des pseudo-alchimistes cherchant eux aussi la Pierre Philosophale mais de manière toute empirique, sans théorie et sans compréhension de ce que les textes et symboles hermétiques contiennent ; ils ne voyaient dans les symboles que des images brutes et mélangeaient des éléments hétéroclites du règne animal, végétal et minéral. La recherche alchimique étant coûteuse, et rarement couronnée de succès, elle est délaissée au profit de la chimie, plus rentable. Avec le temps et le développement de la pensée humaniste, on rejeta cette doctrine ancestrale basée sur une connaissance en apparence « intuitive loin de faits reproductibles ». C'est ainsi que la chimie progresse au point de se constituer en science et c'est finalement au XIXème siècle que l'Alchimie est délaissée et ses anciens exploits relégués au rang de mythes. De nos jours, l'Alchimie est perçue comme une fantaisie, une forme primitive de la chimie moderne, dont l'unique but aurait été de trouver la Pierre Philosophale qui permet de transformer le plomb en or, tout cela en utilisant des procédés archaïques et absurdes.

En réalité, l'Alchimie est une science Traditionnelle véritable, bien loin des considérations terrestres et de l'enrichissement personnel : c'est un art de vivre au cœur de la Doctrine et une science révélée qui permet, comme toute Science Traditionnelle, l'acquisition de Connaissance autour du réel en même temps que chemine celui qui la pratique.

L'Alchimie

L'Alchimie est « l'Art de la Nature », aussi connu sous le nom d'« Art Royal », dont le but est de comprendre les mécanismes de la Nature, comment elle créé et détruit chaque chose sous le commandement du Créateur, et de les utiliser sur la matière afin de la faire progresser vers des états supérieurs. L'alchimiste essaye de reproduire ces mécanismes dans son laboratoire qui est aussi, et c'est là où la différence avec la chimie apparaît nettement, un « oratoire ». En effet, contrairement au chimiste, l'alchimiste ne traite pas la matière de manière impersonnelle, mais il est partie prenante dans son travail. Son bon cœur, ses hautes aspirations, sa proximité avec le divin et l'intention qu'il projette déterminent à l'avance le résultat de ses expériences. Pour comprendre l'Alchimie, il est donc nécessaire de s'interroger sur le fonctionnement de la Nature, mais aussi sur celui de l'Homme et sur la façon dont Dieu les a créés, avec un but et des possibilités.

Au cœur de la Doctrine, il y a l'unicité de la matière : toute créature manifestée, visible et invisible, est constituée de la même matière première, qu'il s'agisse des minéraux, des végétaux ou des animaux. Cette matière première, issue de ce que certains appellent le « Chaos primordial » et créée par la Volonté divine, est mue par une force agissante : la Nature, ce mouvement invisible qui créé et détruit chaque chose dans un cycle perpétuel.

Toute créature en ce monde, de la fleur à l'astre, est composée de la même matière et obéit aux mêmes lois. On retrouve encore une fois cette allusion sur la correspondance entre le Microcosme et le Macrocosme.

Ainsi comprise, une opération alchimique a un caractère sacré et une application universelle. Un alchimiste s'enquiert des principes primordiaux et tente de faire évoluer la matière en la purifiant. La plupart des alchimistes travaillent avec les métaux et cherchent à réaliser la Pierre Philosophale, cette poudre rouge qui permet de transformer un métal vil en un métal noble : c'est ce qu'on appelle le « Grand Œuvre ». Car en effet la Nature, par son action, créé toute sorte de métaux : plomb, étain, mercure, fer, cuivre, argent, or. Pourquoi ne crée-t-elle pas directement de l'Or ? Pour la même raison qu'on ne passe pas directement d'un état subtil à un état fixe, il est nécessaire de passer par les états volatile et liquide. Par un processus lent, l'action de la Nature fixe la matière pour fabriquer un métal et par étapes successives le purifiera pour éventuellement former de l'Or.

L'alchimiste est conscient du caractère sacré de son opération et dans sa recherche de compréhension, il projette son intention non seulement sur la matière qu'il travaille mais aussi, et surtout, sur lui-même. Cette recherche s'apparente à une quête initiatique : par étapes, l'Homme essaye de transformer un métal vil en un métal noble : la première, le « Petit Œuvre » tente de purifier la matière et la seconde, « le Grand Œuvre », fait descendre l'esprit universel dans celle-ci pour l'élever. On devine ici la correspondance entre la matière que le Philosophe travaille et sa propre âme : chaque étape du magistère s'apparente à une évolution des états de l'âme et le succès de l'œuvre à la réalisation spirituelle de l'itinérant.

Néanmoins, la réalisation du Grand Œuvre n'est pas aisée et elle ne peut être atteinte par la simple lecture de différents traités sur le sujet. La Doctrine s'est transmise à travers des allégories et symboles impossibles à déchiffrer sans l'aide d'un véritable maître qui détient les clés de lecture nécessaires. Sans elles, ces ouvrages ne serviront qu'à embrouiller l'esprit du curieux.

Une des clés essentielles, celle qui manquait probablement aux souffleurs, est la compréhension de ce qu'un symbole représente. Un symbole est utile pour exprimer une réalité intemporelle que les mots ne peuvent exprimer sans faire perdre une partie de sa substance, surtout après de multiples traductions. Pour prendre un exemple, il y a dans les écrits alchimiques de nombreuses associations entre le soleil et l'or. Il ne faut pas y comprendre que l'or représente le soleil mais que l'or et le soleil sont des reflets différents d'une même réalité cosmique. Sous le regard attentif de l'enseignant, chacun pourra également comprendre un symbole et l'utiliser comme support de progression avec une sensibilité propre à sa typologie.

L'ALCHIMIE DU QUOTIDIEN

Cependant, et il semble important de le préciser, l'alchimie n'est pas qu'une affaire d'élite, ce que laisse sous-entendre quantité de textes hermétiques. En centrant notre attention sur le rapport que chacun entretien avec la matière, l'alchimie insiste lourdement sur l'importance de la vie en tant que composant fondamental qui influence l'ensemble de nos interactions. Ainsi, l'alchimie est une manière de comprendre et de vivre le quotidien, la vie de famille, le travail et les recherches. Parce que l'être humain ne peut pas s'affranchir de la matière qui constitue un aspect de sa condition terrestre, et parce qu'il ne peut pas vivre coupé des autres, il doit s'interroger sur la façon dont il considère la Création et l'intention qu'il émet lorsqu'il interagit avec sa dimension externe et palpable.

Par exemple, l'Homme agit sur son être par la pratique de la prière. Et par la recherche de la purification intérieure, il provoque la purification de tous les aspects qui le composent, parmi lesquels se trouve son propre corps. Si des recherches ont permis de mettre en lumière certains des effets de la spiritualité sur le corps humain, ses cellules, ses organes, ses fonctions diverses, le plus important reste à faire, car de nouvelles recherches doivent encore déterminer l'effet produit par l'état d'un individu sur la matière qu'il travaille.

L'alchimie, par son caractère universel et omniprésent, soulève bien d'autres questions que chacun appréciera en fonction de sa situation, et pour n'en citer que quelques-unes, quel effet a l'intention d'un médecin sur son patient ? D'une mère sur son enfant ? D'un pharmacien sur le médicament qu'il prépare ? Et enfin, quels sont les effets d'un travail de groupe sur chaque individu qui le compose ?

Certes les récits des Anciens nous le montre, des paroles d'or ont le pouvoir de transmuter les cœurs.

Chapitre 5

Savoirs Traditionnels et rythmes de la vie

Toutes ces Sciences, Traditionnelles, ancestrales, nous le montrent, il y a le rythme des saisons, et celui de l'âme. L'un est celui du cadre, de l'environnement, et du quotidien, l'autre est celui du soi, à travers lequel est mis en relief le Souffle Universel, qui alimente toute chose en permanence par les Noms et Attributs de Dieu.

Tout est question de cycle, car l'Immuable, permanent dans Sa Vérité éternelle, n'est autre que le Créateur, le Bienveillant, le Miséricordieux. Ainsi, l'Astrologie s'intéresse aux grands cycles de l'univers, et à la dimension du Temps. On distingue alors une Astrologie du Soleil, qui se rapporte plus aisément aux relations de l'Homme avec ce qui l'entoure, tandis que l'Astrologie de la Lune observe l'Âme de toute chose, au sens propre et au sens large. L'Alchimie, quant à elle, se préoccupe des questions de transformations de la matière, mais aussi de l'Âme, lieu de résonance de l'Esprit. C'est ici de la dimension de la Matière dont il s'agit. Les Mathématiques recherchent les proportions, les grandeurs, et les justes mesures, nourrissant par là même la réflexion sur la dimension de l'Espace. La spiritualité, enfin, guide vers la Réalisation, et nous enseigne la Sagesse du quotidien, l'art de vivre la condition terrestre, autour du Temps, de l'Espace, et de la Matière, en harmonie et en relation permanente avec le Divin. Nous le voyons bien, les Sciences Traditionnelles se spécialisent par esprit de synthèse, à l'inverse des sciences modernes qui ne cessent de se subdiviser en disciplines singulières et distinctes.

Tous les éléments du savoir Traditionnel interrogent la condition terrestre. La préoccupation première de l'Homme est celle de sa subsistance. Cette dernière dépend directement de la manière dont il se positionne dans la durée, dans le futur, dans son environnement, et dans la gestion de ses terres.

L'Humanité se constitue en groupes sociaux, et a besoin de fabriquer les instruments de tous les jours, de bâtir des maisons, des édifices. Elle se met en contact avec la matière, avec la sagesse des géométries et des structures. Ces sagesses, la Tradition nous enseigne comment les lire et comment en tirer des bénéfices lumineux et éclairés, mais elle nous montre également qu'elles résultent avant tout de la Sagesse de Dieu, et qu'elles s'inscrivent dans une continuité perpétuelle que l'Homme doit respecter s'il veut découvrir ce qu'il est, tout en assurant une transmission légitime et sereine de sa condition, terrestre et humaine. Les deux étant indissociables l'une de l'autre car elles définissent finalement l'Homme et sa mission.

L'être humain, composé de chair et d'Esprit, a la possibilité et le devoir de vivre sa condition comme étant le prolongement de l'Intelligence divine, et doit s'appliquer à respecter cette architecture sacrée dans ce qu'il bâtit, dans son cœur ou dans ce qui l'entoure, œuvrant ainsi dans sa responsabilité d'assurer l'équilibre sur Terre. Pour ce faire, les Sciences Traditionnelles lui apprennent à respecter les proportions, les temps, et les procédures, de sorte que la symphonie céleste retentisse indéfiniment.

La Religion coordonne ces sciences, les classifie, et leur fixe un cadre, à travers une Loi, une perspective tournée vers l'avenir, et un chemin de Foi par lequel l'être devient réceptacle et support de la Tradition. Il plonge ainsi dans les eaux merveilleuses de la Connaissance. Par cette voie, l'Humanité arrive à sa Réalisation, par la Transcendance de Dieu. On comprend alors que les Sciences Traditionnelles ne sont pas un ensemble de spéculations et de poésies philosophiques autour de la vie, elles ne sont pas non plus un ensemble de techniques qui élèvent un niveau de vie en échange d'une contrepartie qui nuit à autrui, mais elles constituent un corpus fondamental grâce auquel l'Humanité fait coïncider son quotidien, sa vie intérieure, et l'intemporel.

LA RELIGION

L'ange Gabriel est venu enseigner les quatre piliers de la Religion dans cette tradition prophétique racontée par le compagnon Omar, que Dieu soit satisfait de lui :

« Un jour, alors que nous étions assis auprès du Messager de Dieu, paix et prières sur lui, un homme aux vêtements très blancs et aux cheveux très noirs apparut. On ne voyait pas sur lui les traces du voyage et nul parmi nous ne le connaissait. Il s'assit devant le Prophète, mit ses genoux contre les siens, posa ses mains sur ses cuisses, puis dit :
— "Ô Muhammad ! Informe-moi sur la Soumission à Dieu (al-Islâm) !"
— Le Messager de Dieu répondit : "C'est que tu attestes qu'il n'y a de dieu que Dieu et que Muhammad est le Messager de Dieu, que tu accomplisses la prière, que tu donnes l'aumône légale, que tu jeûnes le mois de Ramadan et que tu fasses le pèlerinage à la Demeure si tu peux y arriver."
— "Tu as dit vrai", dit l'homme. Ce qui nous étonna : il l'interrogeait, puis le confirmait. Il dit ensuite : "Informe-moi donc sur la Foi (al-Imân)."
Le Prophète, paix et prières sur lui, répondit : "C'est de croire en Dieu, en Ses anges, en Ses livres, en Ses prophètes, au Jour dernier, et de croire dans le destin imparti pour le bien et le mal."
— "Tu as dit vrai", dit l'homme, qui ajouta :

"Informe-moi alors sur l'Excellence (al-Ihsân)!"
— *"C'est adorer Dieu comme si tu le voyais. Or, si tu ne le vois pas, Lui te voit."*
— *"Renseigne-moi sur l'Heure (As-Sa'ah)!" reprit l'homme.*
— *"Celui qui est interrogé sur celle-ci n'en sait pas plus que celui qui interroge."*
— *"Alors renseigne-moi sur les signes avant-coureurs."*
— *"Lorsque la servante engendrera sa maîtresse et lorsque tu verras les pâtres miséreux pieds nus et mal vêtus rivaliser dans l'édification de constructions élevées."*
Puis l'homme s'en alla. Après un moment, le Prophète, paix et prières sur lui, me dit :
— *"Omar! Sais-tu qui posait les questions ?"*
— *"Dieu et son Envoyé le savent plus."*
— *"C'est l'ange Gabriel! Il est venu vous enseigner votre Religion (ad-Dîn)."»*[1]

Le fait religieux, individuel et collectif, repose ainsi sur quatre piliers : al-Islam, al-Iman, al-Ihsan, et as-Sa'ah.

La Soumission (Al-Islam) désigne l'obéissance à Dieu dans les dimensions externes et palpables de la vie, qu'elles soient matérielles, idéologiques, ou philosophiques.

---

[1] rapporté par Mouslim

La Foi (Al-Imane) se rapporte à la question de la Certitude en la Vérité de Dieu.

L'Excellence (Al-Ihsan) est le domaine de la spiritualité qui explore les profondeurs de l'âme et de l'aptitude à vivre la dimension terrestre de l'existence par la proximité avec le Divin, loué soit-Il.

L'Heure (As-Sa'ah) désigne l'Eschatologie. C'est l'art de cibler les enjeux du temps, de comprendre les difficultés que traversent les hommes et les femmes, et d'y répondre avec des outils adaptés.

Chapitre 1

La Soumission à Dieu

Al-Islâm, désigne la soumission à Dieu, à Sa Vérité, et à Ses prescriptions, qu'Il soit loué et glorifié. C'est le fait d'accepter, par le cœur et par les actes, de pratiquer la Religion de Dieu et de mettre en application ses préceptes.

les piliers de la Soumission

Les piliers de la Soumission sont au nombre de cinq. Ils constituent les bases fondamentales qui résident chez tous les fidèles, ainsi que le cadre terrestre favorable à la cohésion sociale et à l'épanouissement spirituel.

1- L'attestation de foi

Le premier pilier de la Soumission résume à lui seul l'intégralité du Dogme, car l'Homme atteste

de l'Unicité de Dieu, de Son Existence, de la façon dont Il organise Sa Création avec des Règles,
des Lois, des Principes, et une pédagogie qu'Il a
choisie pour guider l'Humanité. Et cette pédagogie fait intervenir des Prophètes et des Messagers
chargés de transmettre les Textes et les directives
divines. L'Homme foule le sentier de la Vérité en
orientant son cœur et sa vie dans le cadre lumineux de la Tradition. Il ouvre son cœur :

– À son Créateur Unique et Bienveillant qui
  l'inonde en permanence de Son Bienfait.

– À sa Nature Adamite qui le distingue de toutes
  les autres créatures qui participent à la Création.

– À son Histoire qui regroupe toute l'humanité
  et toutes les civilisations passées, présentes et
  futures.

– À son Origine qui le lie à son père Adam et à
  l'intégralité de communauté des Hommes.

Par son Créateur, il découvre que chaque élément
de la Création est une manifestation de Ses Noms
et de Ses Attributs, loué soit-Il. Il entrevoit avec
quelle Sagesse Dieu a créé les choses, qu'elles
sont le reflet de Sa Grandeur, et autant de repères
qui mènent à Lui. Il comprend aussi que tout ce

qui est autre que Lui est amené à disparaître, que la Vérité n'est pas comme l'erreur, et que le chemin de Dieu est le seul chemin qui mène au salut individuel et collectif. Il développe aussi sa vigilance et sa lucidité au quotidien face aux pièges de satan qui tente infatigablement de détourner son regard de ce qui est véritable.

Par sa Nature, l'Homme découvre ce qu'il est et ce qu'il n'est pas. Il découvre son rôle et sa place, là où il est attendu, la mission que Dieu lui a confiée, et l'impact de ses décisions sur lui-même et sur le reste de la Création. Il devient lucide sur sa propre nature et sur la nature de ce qui l'entoure. Il comprend que chaque chose à un rôle et participe à un équilibre plus grand. Il distingue alors ceux qui contribuent à la préservation de cet équilibre, et ceux qui tentent de le corrompre.

Par son Histoire et son Origine il découvre comment Dieu fait cheminer l'Humanité par l'intermédiaire de Ses Prophètes et de Ses Messagers. Ils ont la charge de transmettre Son Message à travers les Textes Saints, et leurs vies préservées de toute désobéissance deviennent des modèles de référence. La Tradition nous rapporte le nom de vingt-six d'entre eux : Adam, Sith, Idris, Nuh (Noé), Hud, Salih, Ibrahim (Abraham), Loth, Isma'il (Ismaël), Ishaq (Isaac), Shu'ayb, Yaqub (Jacob), Ayyub, Dhul-Kifl, Yussuf (Joseph), Musa (Moïse), Harun, Ilyas, Al-Yasa'a, Yunus (Jonas), Dawud (David), Sulayman (Salomon), Zakariyya (Zacharie), Yahya (Jean le Baptiste), 'Isa (Jésus), et Muhammad le sceau des Prophètes, que la paix et la prière de Dieu soient sur eux tous. A travers le récit de leur vie, il découvre les Hommes de Dieu, l'idéal du genre humain, et leur opposé, l'Homme dépravé, esclave de ses passions et semeur de discorde, consommateur sans principe et sans histoire, voulut par satan.

2- La prière

Au cœur des prescriptions divines se trouve la prière grâce à quoi l'individuel et le collectif entrent en communion avec le Créateur. Elle est le bienfait de Dieu à l'égard des Hommes par excellence. Dieu n'a besoin de rien, exalté soit-Il. S'Il a prescrit la prière aux Hommes, par Sa Bienveillance, ce n'est que par amour pour Ses créatures. La prière est une source qui apporte bienêtre, sérénité et clairvoyance. Elle guide, élève et éclaire celui qui la pratique sur l'existence, la Création et le Créateur, en même temps qu'elle provoque des transformations positives sur son corps. A mesure que l'Homme comprend sa véritable nature, il distingue dans cet univers ce qui lui est favorable de ce qui lui est défavorable. Il vit alors les prescriptions divines non plus comme des obligations auxquelles il se soustrait, mais comme des évidences qui établissent son épanouissement. Avec la prière canonique il ouvre alors les portes de la grande prière, celle du quotidien, où il œuvre avec scrupule et bienveillance sous le regard attentif de son Créateur. A l'heure où règne la société du tous contre tous, la prière apporte la lucidité quotidienne pour ne pas se laisser berner par les ruses qui divisent les Hommes. Le croyant véritable sait que tout homme est son frère et toute femme est sa sœur, et il souhaite pour eux la même chose que ce qu'il souhaite pour lui-même.

3- L'AUMÔNE

Tout comme la prière et l'attestation de foi, l'aumône est vectrice de cohésion et d'équité sociale. Elle met l'Homme face aux biens matériels que Dieu lui octroie, lui rappelant qu'il n'est que de passage dans ce bas monde, et qu'il doit en user avec sagesse. Elle rappelle aussi à l'Homme ses limites, et sa nature qui l'invite à l'altruisme, et au rejet des mondanités de la vie terrestre. En effet, elle oriente son regard sur un travail de vigilance quotidien vis-à-vis de sa condition matérielle, qui, loin d'être une fin en soi, est avant tout un support de progression parmi tant d'autres. L'aumône, au regard des Sages, garantit l'équilibre matériel dans la communauté des Hommes. Sa pratique selon les règles définies par la Tradition répartit les richesses avec justesse, de sorte que nul être humain ne demeure dans le besoin.

4- LE JEÛNE DU MOIS SACRÉ

Le mois de Ramadan est le IXème mois du calendrier lunaire musulman, et le mois durant lequel le Coran fut révélé. Il s'agit d'un temps cosmique privilégié durant lequel sont facilitées toutes sortes d'activités introspectives. Pour accompagner ces activités et aiguiser sa lucidité, le fidèle est tenu de jeûner durant les heures de la journée. Allégé d'une partie de sa condition terrestre, il trouve en lui l'énergie du recueillement, de la méditation, du retour à soi et du retour à Dieu. Cette énergie est multipliée lors de moments de partages et de regroupements en famille, entre voisins ou entre fidèles. Le jeûne est donc un moyen par lequel le croyant élargit son aptitude à entrer en prière.

L'affaiblissement visible du corps de celui qui jeûne n'est que le reflet du travail qui s'exécute en interne. En effet, le jeûne est une prescription millénaire et ancienne qui guérit la partie matérielle de l'être et éloigne le cœur des passions vaines et éphémères. Le fidèle développe aussi sa capacité de contrôle, qu'il pourra solliciter le reste de l'année. De fait, c'est un frein face au consumérisme et aux dégâts qu'il provoque quotidiennement.

Le jeûne nous indique une nouvelle fois que Dieu, par Son Infini Sagesse, a mis les meilleures ressources de l'Homme disponibles pour tous immédiatement et gratuitement.

5- LE PÈLERINAGE À LA DEMEURE

La terre, à l'image de l'être humain, est à considérer dans toute sa complexité. Chaque lieu offre le privilège d'être différents des autres, et les qualités opératives qui leur sont propres permettent d'en distinguer les fonctions, les atouts, ou même les statuts. A ce titre, un lieu saint occupe un rôle prépondérant dans la gestion des affaires de ce bas monde car il catalyse l'activité humaine et la répercute sur le reste de la Création. La responsabilité humaine implique donc une vigilance quotidienne sur des données liées au Temps, l'Espace et la Matière, et la Révélation nous renseigne sur les modalités à accomplir pour user de ces données avec sagesse.

Le plus important de tous les lieux saints, la Kaaba, est assimilée au cœur de la terre en vertu de la corrélation qui existe entre sa situation et l'état de conscience des Hommes. La visite du fidèle, en réponse à l'appel d'Abraham, l'acquitte de sa part de responsabilité, perpétue ce lien de filiation qui le lie à tous les croyants du monde et participe à préserver la conscience spirituelle de tous.

En effet, la responsabilité adamite de l'Homme le lie au reste de la Création qui subit le poids de ses décisions : de ses choix germera harmonie ou dissonance. Ainsi, la préservation d'un lieu saint dépend intrinsèquement de l'activité humaine à grande échelle et chaque lieu saint subira le choix des Hommes en fonction des caractéristiques du lieu.

A titre d'exemple, la Tradition nous précise que Jérusalem est liée aux facultés cognitives des Hommes. Les tensions permanentes qui s'y déroulent sont le résultat inévitable des attaques répétées de la société moderne contre les facultés humaines que sont la concentration, la réflexion ou le discernement.

De fait, l'écroulement de la conscience spirituelle des Hommes entraînerait inéluctablement la destruction de la Kaaba et la Fin des Temps.

Chapitre 2

La Foi : à la découverte du Divin

Au-delà de toute attention philosophique ou religieuse, l'Homme est nécessairement, et constamment, en face de vérités qui traversent sa conscience et résonnent en lui dès qu'elles sont sollicitées, comme le fait que voler ou tuer soient des actes profondément détestables. Tout cela le renvoie à des considérations beaucoup plus vastes, de l'ordre des représentations transcendantales, et se pose dès lors la question du Divin.

La Foi, en effet, est un moteur de cohésion sociale, de bienséance, et de bon comportement. C'est le ciment à travers lequel tout un chacun trouve son équilibre. Comprise, et au sens large, la Foi permet d'établir un projet de Civilisation, un cadre, qui porte et guide les peuples vers la quiétude et la sérénité.

La Foi est vivante à l'intérieur de nous. L'expérience de la vie et le cheminement spirituel sont seuls à même de nous en offrir une lecture savante, mais puisqu'il faut un point de départ, ce chapitre sera l'occasion d'évoquer plus précisément ce que le fidèle place dans son cœur s'il veut retrouver la pureté originelle qui sommeille en lui.

LES PILIERS DE LA FOI

Les piliers de la Foi sont le cœur de la Doctrine. Fondamentaux et universels, ils sont au nombre de six, et justifient la Tradition et la Civilisation. Certes les traditions altérées, qui sont parvenues jusqu'à nous, les restituent avec plus ou moins de netteté, mais la récurrence avec laquelle ces six principes ont alimenté la mémoire de l'Humanité est significative.

1- LA FOI EN DIEU, QU'IL SOIT GLORIFIÉ

Les lignes qui vont suivre présentent de manière simplifiée une explication du Divin. Elle constitue un bloc à partir duquel le cœur est porté par une Foi valide en ce qui concerne Dieu, le Très-Haut, et Ses Attributs.

L'Existence :

Dieu existe, d'une existence qui sied à Sa Majesté divine et qui ne le concerne que Lui seul, exalté soit-Il. Son Existence est indépendante du temps, de l'espace, de la matière, et de toute incarnation.

L'Unicité :

Il est le Seul et l'Unique, point de Divinité en dehors de Lui, qu'Il soit glorifié.

Le Non-Commencement :

Dieu existe depuis toujours, de toute éternité, et en dehors même de toute considération de temps. En effet, le temps, l'espace, et la matière ne s'appliquent pas à Lui, mais découlent de Sa Manifestation, exalté soit-Il.

La Non-Fin :

L'Existence de Dieu est éternelle, et n'est pas touchée par la fin, comme c'est le cas de celle des créatures. La mort, la fin, l'anéantissement ne peuvent L'atteindre, et ne s'appliquent pas à Lui.

La Subsistance par Lui-même :

Dieu se suffit à Lui-même, et n'a besoin de rien. Et toute chose Lui est soumise, et a besoin de Lui. Gloire à Lui.

La Puissance :

Dieu est Puissant et Capable sur toute chose. Rien ne Lui fait obstacle, tout Lui est possible, facile et aisé. Rien ne s'oppose, ni ne rivalise, à Sa Puissance.

La Volonté :

Rien ne se fait, rien ne se produit, rien n'existe, en dehors de Sa Volonté, ni en dehors de Son Fait, qu'Il soit glorifié.

La Science :

Dieu est Savant sur toute chose, et toute science émane de Lui. Rien ne Lui échappe.

L'Ouïe :

Dieu est Entendant. Il entend tout, sans oreilles, sans organe, et sans avoir besoin de quoi que ce soit en dehors de Lui-même. Aucun son ne Lui échappe, ni aucun silence.

La Vue :

Dieu est Voyant. Il voit tout et rien n'échappe à Sa Vision. Il voit sans avoir besoin d'outils, d'instruments, ou d'organes, et sans avoir besoin de rien d'autre que Lui-même, exalté soit-Il.

La Vie :

Dieu est Vivant, d'une vie qui sied à Sa Majesté divine, et qui ne Le concerne que Lui seul. Sa Vie ne connaît ni début, ni fin, ni incarnation, loué soit-Il.

La Parole :

Dieu est Parlant, d'une parole absolue, qui n'est pas soumise au son, au langage, ou à l'emploi d'un organe pour s'exprimer, comme c'est le cas pour les créatures. Les Révélations sont des manifestations de Sa Parole, La rendant ainsi compréhensible et audible pour les créatures, et source de vérités pour leur vie.

La Non-ressemblance aux créatures :

Dieu ne ressemble en rien à Ses créatures. Ce qui Le concerne, ne le concerne que Lui seul. De même, il n'est pas soumis aux caractéristiques des créatures, telles que le corps, le lieu, la direction, la faiblesse, l'incapacité, et autres attributs propres aux créatures et non au Créateur, qu'Il soit glorifié. Rien ne lui ressemble, dans le palpable et le subtil.

Dieu n'a pas seulement treize Attributs, mais une infinité. Simplement, les treize Attributs qui viennent d'être exposés permettent d'avoir une compréhension suffisante de l'Unicité divine.

2- LA FOI EN SES ANGES, EXALTÉ SOIT-IL

Le cœur lucide au sujet de la Vérité a Foi en Dieu, et en Ses Anges, créatures invisibles créées à partir de la lumière. Les Anges occupent différentes tâches, et sont répartis en diverses hiérarchies qui émanent de la manifestation des Noms et Attributs de Dieu. Nous pouvons citer quatre Anges qui occupent une position particulière : Jibrâ'îl (Gabriel), Mikâ'îl (Michael), Isrâfîl (Rafael), et 'Azrâ'îl (Azrael). Cet article de Foi implique également la certitude en ce qui concerne l'invisible dans son ensemble, dont font partie les Jinns et les satans.

3- LA FOI EN LA RÉVÉLATION ET AUX LIVRES SACRÉS

Dieu manifeste Sa Vérité à l'Homme en toute chose et en permanence, mais Il en fixe les indicateurs fondamentaux dans Ses Livres Sacrés, qu'Il fait descendre à l'Homme par la voie de la Révélation. Voici une liste des Textes Sacrés :

– Les Feuillets d'Adam paix soit sur lui

– Les Feuillets de Sith (Seth) paix soit sur lui

– Les Feuillets d'Idris (Henoch) paix soit sur lui

- Les Feuillets d'Ibrahim (Abraham), paix soit sur lui

- Les Feuillets de Mussa (Moïse) paix soit sur lui

- La Thora, révélée au Prophète Mussa (Moïse) paix soit sur lui

- Les Psaumes révélés au Prophète Dawud (David) paix soit sur lui

- L'Évangile révélé au Prophète 'Isa (Jésus) paix soit sur lui

- Le Coran, révélé au Prophète Muhammad paix et prières soient sur lui.

4- LA FOI EN SES PROPHÈTE ET EN SES MESSAGERS, QU'IL SOIT LOUÉ

Dieu révèle Sa Vérité Sublime et Ses Livres Sacrés par l'intermédiaire de Ses Prophètes. La Tradition nous rapporte qu'ils furent 124 000 parmi lesquels 313 furent aussi des Messagers. Le Messager est un Prophète chargé de transmettre le Message de la Prophétie à travers une Révélation. Les Prophètes sont une catégorie à part d'êtres humains, préservés et purifiés, ils en sont l'élite. Chaque peuple a eu un Prophète, qui apporta à sa communauté la Religion de Dieu.

5- la Foi au Jour du Jugement

Le monde dans lequel nous évoluons connaîtra une fin, et chaque âme sera rétribuée selon ses actes, bons ou mauvais. La Fin des Temps sera caractérisée par un certain nombre de Signes annonciateurs, mineurs, intermédiaires ou majeurs. Les événements de la Fin des Temps auront lieu lorsque que plus aucune trace de l'Unicité divine ne sera portée dans les cœurs, et que la Tradition et la Civilisation auront complètement disparu.

6- la Foi au Destin

Chaque chose, passée et à venir, est connue de Dieu, et est le fait de Sa Volonté. Le destin de toute créature est inscrit dans la Table Gardée. Dieu ne veut que le bien de l'Humanité, et ne cesse de l'envelopper de Sa Bienveillance, loué soit-Il. Ainsi, Il guide qui Il veut et Il laisse s'égarer qui Il veut, mais Il est Juste et Miséricordieux. Quiconque veut le bien et la guidée l'aura, c'est un droit que chacun a sur la Vérité. Le Décret de Dieu n'est pas un fardeau, mais un support d'introspection à travers lequel chaque âme reçoit une part de Sa Vérité, exalté soit-Il, et chemine dans l'Unicité divine. Chacun est libre, donc, de faire de son destin un sentier vers la Sagesse, ou une illusion passagère.

Les Noms et les Attributs de Dieu

Les Attributs de Dieu désignent le Divin vis-à-vis de la Création, dans la modalité opérative de Sa manifestation, exalté soit-Il. Pour le dire autrement, ils sont ce par quoi Dieu s'est Lui-même décrit. Ainsi, les Attributs de Dieu relèvent de la perfection sublime, tandis que ceux des créatures indiquent l'imperfection, la faiblesse, la limite. Nous retrouvons ici une sagesse ancienne, « sache ce qu'est la créature, et tu sauras qui est le Créateur, loué soit-Il ». Pour exemple, si la générosité de Dieu est transcendante et sans limite, puisqu'Il est Puissant et Capable sur toute chose, la générosité d'une créature est limitée et partielle. La générosité des créatures entre-elles est une émanation de la Générosité divine, et ne découle que de Son fait, loué soit-Il, puisque rien n'existe en dehors de Son Fait et de Sa Volonté.

Les Noms de Dieu présentent le Divin dans Sa Vérité Éternelle et Pré-Éternelle. Leur réalité nous dépasse, et nous est inaccessible, mais nous ne cessons de la vivre, puisque l'Unicité de Dieu est la source originelle de toute chose qui existe. En revanche, les Attributs de Dieu rendent au fidèle intelligible l'Unicité de Dieu et la profondeur de Ses Noms. Ainsi, Dieu est le Savant (al-'Alîm), le Bien Informé (al-Khabîr), le Sage (al-Hakîm), et Il manifeste la vérité de ces Noms par son Attribut de la Science, loué soit-Il.

Cette définition ne répond pas nécessairement aux exigences de la théologie scolastique, à priori. En effet, un théologien s'intéressera à établir les articles de Foi relatifs au dogme et à la Loi divine. Or, les Sages enseignent au débutant que si sa Foi est valide au regard de la Loi, il n'en reste pas moins ignorant et insouciant : tant qu'il n'arrive pas à la Réalisation, son regard sur le Divin sera toujours voilé, falsifié par une âme esclave d'elle-même, abandonnée aux artifices de ce bas-monde. Aussi, ces quelques explications ont surtout vocation à établir une vision spirituelle de ce sujet qui répond aux nécessités du cheminement vers Dieu, sans pour autant négliger celles de la scolastique.

La théologie propose une description du Divin valide et suffisante au regard de notre condition temporelle, tandis que la spiritualité a pour finalité la Réalisation, qui est une ouverture vers des considérations larges et plus subtiles de la Réalité divine. La Réalisation est l'aboutissement d'un cheminement spirituel et d'une purification de l'âme, qui ne résulte pas de réalités décrites par la plume ou la philosophie, mais d'expériences vécues, comprises, et assimilées. Chacune d'entre elles devient alors une clé de compréhension supplémentaire de ce que sont les Noms et Attributs de Dieu.

Les exigences de la spiritualité sont beaucoup plus strictes que celles de la théologie, et une simple lecture d'ouvrages est insuffisante à la progression spirituelle. L'aspirant à la Réalisation devra se faire accompagner par un maître spirituel réalisé, autorisé et compétant.

Les définitions spirituelles de la Vérité de Dieu, dès lors qu'elles en décrivent les principes, ont l'avantage d'être valables du début à la fin du parcours, sans cesse redécouvertes, et de déboucher sur l'océan infini de Son Unicité, loué soit-Il. Les paroles des maîtres de la spiritualité et de la Sagesse sont, en effet, un trésor pour qui en connaît la valeur.

Chapitre 3

La Spiritualité : sens de la vie et sens du quotidien

La spiritualité renvoie à la question du sens, qui, bien avant d'être un examen de soi, est avant tout une évidence, aujourd'hui étouffée par l'insouciance et les crispations de tous les jours. La disparition de la lucidité intérieure qui en découle nécessite un réapprentissage du fait spirituel et de l'expérience de la Foi, qui ne peut se faire que par une pratique quotidienne de la spiritualité.

Cœur et émotions

Le centre du savoir se situe dans le Cœur, également vecteur des émotions. C'est le lieu principal du combat contre l'égo et de la réhabilitation de l'âme. Dieu nous invite à ne pas dépenser notre temps en activités stériles ou sans fondements, nous rappelant au passage que c'est Lui le Savant, le Sage, loué soit-Il. Par Sa Science, Il nous exhorte à cultiver notre dimension intérieure.

La sagesse et la retenue caractérisent le mode de vie religieux. Elles ont vocation à habiller la structure de l'âme par les plus belles parures. Ceci, pour orienter le cœur vers les meilleures considérations et faire évoluer le croyant vers les sommets de la Connaissance. Ainsi, la spiritualité est une affaire de juste équilibre entre les actes et les émotions. Crainte révérencielle, espoir, et amour en Dieu, conduisent le fidèle vers une redécouverte du soi. C'est le premier pas d'une route qui mènera l'itinérant vers la proximité avec le Divin.

Chacun est porteur de ses choix, mais nul n'est éprouvé par ce qu'il ignorait. Quand à celui qui choisit sciemment et en toute connaissance de cause la voie de la négligence et de l'égarement, Dieu le laisse s'égarer. Il dresse dans son cœur des voiles épais qui le privent de toute sérénité durable et que nul ne saurait lui enlever, si ce n'est Lui, le Très-Haut, qu'Il soit loué et glorifié. La condition de l'âme, donc, est une affaire de voiles entre l'individu et la Vérité, dont la présence ou la disparition progressive dépend directement des actes du fidèle et de ses intentions.

La Tradition précise trois principaux états de l'âme.

L'ÂME INITIATRICE DU MAL

C'est l'âme instable, qui entraîne l'individu face à ses propres émotions, et le soumet à ses pulsions, qu'elles soient subtiles, charnelles, ou même intellectuelles. L'âme constitue un voile entre l'itinérant et la Vérité. Le fidèle est sous l'autorité de ses émotions et de son tempérament. A cette étape du cheminement, il s'agit pour celui qui désire cheminer de reprendre l'autorité sur lui-même, et de retrouver l'harmonie et la stabilité dans la structure de son âme.

L'âme initiatrice du mal démontre l'absence de lucidité du fidèle quant à la proximité de Dieu à son égard. Ceci, parce que l'âme initiatrice du mal constitue une absence du fidèle envers son Seigneur, ce qui est une ruse de l'individu contre lui-même. Ce mal peut être qualifié de trahison, car il pousse le fidèle à contre-courant de la Vérité, et donc, à contre-courant de son propre intérêt.

Cet état n'est pas irrémédiable. S'il veut en sortir, le croyant doit prendre ses responsabilités et faire le nécessaire dans son quotidien et sa vie spirituelle pour revenir aux directives divines et les enraciner dans ses habitudes.

L'ÂME QUI SE BLÂME

C'est un état de l'âme subtil, dans lequel le fidèle confronte sa condition terrestre et temporelle à l'influx céleste et intemporel qui est déversé en lui en permanence. L'âme, ici, ne constitue plus un voile à proprement parler, mais un miroir de la Vérité. Le Divin est donc reflété à l'individu par l'intermédiaire de son expérience de la Foi. Cependant, le reflet de la Vérité est difficilement supportable dans une âme encore conditionnée par le temporel et le terrestre. Bien que purifié de certaines impuretés de l'ego, l'itinérant n'est pas hors de danger. Il doit encore s'extraire des cloisonnements du Temps, de l'Espace, et de la Matière, qui constituent une sorte d'illusion, rendant difficile pour l'âme la digestion de la Vérité Sublime, et la compréhension de la Connaissance parfaite.

Les Textes précisent que l'itinérant sincère voulant poursuivre son cheminement est tenu, désormais, d'adopter un comportement rigoureux vis-à-vis de sa condition terrestre, dépassant de loin la simple application de la Loi. En effet, les dispositions matérielles de la vie humaine sont justement ce qui permet au fidèle d'appréhender, de dépasser sa condition et de poser un regard spirituel sur son rapport à Dieu, dès lors que le cheminement se vit de manière authentique, sous l'égide d'un maître autorisé. Cette double aptitude, à la fois terrestre et céleste, est ce qui rend l'Homme le plus apte, de toutes les créatures, à être le représentant de Dieu sur terre, et à cheminer dans les sommets de la Connaissance.

L'ÂME APAISÉE

A ce stade, l'âme ne constitue plus ni un voile, ni un miroir, entre le fidèle et la Vérité. L'itinérant voit directement les Secrets de la Vérité par sa dimension intérieure et dans sa manière de vivre le quotidien. Il est coutume de dire que l'âme disparaît et qu'il ne reste que l'Esprit. En réalité l'âme ne disparait pas à proprement parlé, mais les résonances spirituelles de l'Âme, de l'Esprit, du Cœur, et du Corps, se concentrent en une seule et même direction.

L'âme apaisée est la porte d'entrée de la Réalisation.

L'Âme, l'Esprit, le Cœur, et le Corps

L'Esprit (ar-Rûh) est ce que Dieu insuffle en l'Homme, alors qu'il n'est qu'un fœtus, lui donnant une ouverture permanente sur le Divin et la Vérité, le rendant ainsi apte à la spiritualité et aux considérations célestes. L'Esprit est constamment orienté en direction de la Vérité sans jamais s'en détourner.

Le Corps (al-Jism) renvoie à la condition matérielle de l'Homme, puisqu'il est le réceptacle terrestre de l'Esprit. Soumis au temps, à l'espace, et à la matière, il constitue une cloison, à priori, pour l'Esprit.

Le Cœur (al-Qalb) est le lieu du savoir, de la Science, de la Connaissance, mais aussi le lieu des intentions, bonnes ou mauvaises. C'est aussi le Cœur qui articule les mouvements permanents entre l'Esprit et le Corps.

L'Âme (an-Nafs) est le résultat des mouvements entre le Corps et l'Esprit, articulés par le Cœur, bon ou mauvais. Il y a donc une infinité d'états possibles de l'âme. Nous venons d'en voir trois, qui constituent les « trois principales étapes du cheminement » si on les observe au regard de la vie spirituelle ou « les trois principales catégories de l'âme » si l'on s'intéresse plutôt à la structure de l'âme en elle-même et à ses équilibres. Mais entre ces trois catégories, et avant, et après, il y a une infinité d'états possibles de l'âme.

Par ailleurs, soulignons ici un autre point important. Nous venons de définir très brièvement quelques notions autour de l'Âme, de l'Esprit, du Cœur et du Corps, alors que certains auteurs expliquent que tous ces éléments sont illusoires car ils ne désignent en réalité qu'une seule et même chose. D'autres auteurs prennent, au contraire, le temps de définir toutes ces notions avec moult précisions. Ceci vient du fait que le premier groupe décrit l'origine et la finalité de l'Âme, tandis que le second décrit le cheminement spirituel et donne au lecteur des repères lui permettant de comprendre ce qu'il vit. Cette divergence, donc, n'en est pas une.

LE SENS DU QUOTIDIEN

La vie quotidienne est le principal support de progression du fidèle à partir duquel il interroge ses émotions et approfondit sa connaissance du Divin. Jour après jour, l'itinérant s'efforce d'adopter un bon comportement, et de remettre en cause la sincérité de ses intentions.

La spiritualité n'est pas seulement une affaire de prières, de sourires, et de quelques moments de recueillement. Le fidèle doit affronter les subtilités de son âme qui se manifestent au quotidien et dans tous les aspects de sa vie. La spiritualité est un chemin qui conduit à la proximité avec Dieu et à un art de vivre. Elle est la branche du savoir religieux la plus complexe et regroupe un grand nombre de Sciences, qui ont pour particularité d'exiger un effort extérieur et intérieur pour celui qui aspire à leur acquisition, ainsi qu'une démarche de patience de longue haleine.

CHAPITRE 4

L'ESCHATOLOGIE : LA SCIENCE DE L'HEURE

Très tôt dans son cheminement, l'itinérant découvre que le Temps, l'Espace, et la Matière, sont des illusions. Non pas au regard de son quotidien, ou du rôle qu'il occupe dans la société, mais dans le rapport permanent, conscient ou inconscient, qu'il entretient avec la Vérité, intemporelle, éternelle et prééternelle. Le Temps, l'Espace et la Matière, cependant, ne sont aucunement dénués de réalité dès lors qu'ils sont appréhendés dans leur fonction plénière : celle de rendre lisible la manifestation des Noms et Attributs de Dieu dans la conscience intérieure de la créature, périssable, imparfaite et instable. Tandis que le Temps, l'Espace, et la Matière, sont dans le cadre de son existence des repères permanents et figés qui lui servent de support, tant pour sa survie que pour

honorer la gloire de Dieu, mais qui peuvent également-
ment constituer des voiles sombres et assourdis-
sants pour ceux qui détournent leur cœur de la
dimension du sacré :

« *Il y a certes dans les cieux et la terre des preuves
pour les croyants. Et dans votre propre création, et
dans ce qu'Il dissémine comme animaux, il y a des
signes pour des gens qui croient avec certitude. De
même dans l'alternance de la nuit et du jour, et
dans ce que Dieu fait descendre du ciel, comme subsistance par laquelle Il redonne la vie à la terre une
fois morte, et dans la distribution des vents, il y a
des signes pour des gens qui raisonnent.* » (*Coran,*
45:3-5)

Ainsi, le temps qui passe, par l'évolution du
monde qui l'entoure, constitue pour le fidèle un
marqueur transgénérationnel, individuel et collectif, dont la finalité est décrite dans les Textes
par la Fin des Temps.

L'eschatologie est l'étude des données scriptu-
raires qui concernent les éléments relatifs à la
Fin des Temps. Elle se divise historiquement en
deux activités bien distinctes mais complémentaires l'une de l'autre. La première consiste à rassembler les données qui traitent de la Fin des

Temps pour en juger la fiabilité, et établir, à partir de cette compilation, un ou plusieurs scénarios probables. L'autre branche de l'eschatologie tente d'observer l'évolution du quotidien vis-à-vis de cette compilation, pour en préciser les scénarios possibles par des données contemporaines et comprendre les enjeux de l'actualité.

Une troisième voie se dessine, en parallèle des deux autres. Cette autre eschatologie est un mode d'exploration des Textes qui considère que l'ensemble du savoir révélé décrit les facteurs de l'équilibre et ceux de la dissonance. Ainsi, chaque élément scripturaire constitue un indicateur qui, ajouté aux autres, forment une grille de lecture globale de l'évolution du monde à partir de quoi il est possible d'entreprendre un processus de Réhabilitation. Ceci, dans le souci permanant d'honorer le dépôt adamite, à savoir établir en ce bas-monde la Civilisation de la Foi mais en tenant compte des circonstances eschatologiques de notre temps et des enjeux qui s'y rapportent.

Cette démarche n'a pas vocation à concurrencer les développements eschatologiques présents ou passés, ni à se superposer à la scolastique des Anciens. Ce qui la diffère du reste de l'eschatologie, c'est qu'elle ne considère pas le Temps comme une donnée nécessairement horizontale, mais possiblement cyclique en fonction de la manière avec laquelle l'être humain vit sa mission sur Terre[1]. Ainsi, la situation d'urgence dans laquelle nous vivons nous oblige à revoir notre rapport aux Textes et à interroger l'outillage des institutions religieuses.

Le patrimoine spirituel et religieux qui est parvenu jusqu'à notre époque n'est pas préparé à cela, mais contient néanmoins tous les ingrédients pour l'élaboration d'un matériel complémentaire. Cette situation complexe, en effet, doit être l'occasion d'investir l'héritage de la Tradition pour en extraire les outils qui préserveront son essence et sa substance, tout en constituant d'une part une force d'opposition au complot de satan, et de l'autre une mobilisation des consciences.

Le temps est venu, donc, de faire émerger des Textes une véritable psychologie des lumières de la Vérité, une sociologie authentique, une anthropologie véridique et Traditionnelle, une économie juste et équitable, une médecine saine et accessible à tous, et autant d'autres disciplines aujourd'hui falsifiées qui ne demande qu'à jaillir pour inonder la fraternité des Hommes de paix et d'harmonie. Les institutions spirituelles et reli-

---

[1] cf. « *Le Temps et la Fin des Temps* » page 35

gieuses, ainsi élargies, seront alors en mesure de répondre au projet satanique de destruction des fondements de l'Humanité voulu par le Nouvel Ordre Mondial et l'oligarchie mondialiste.

Concrètement, il s'agira d'établir un élargissement des institutions religieuses par le développement d'énergies nouvelles. Pour l'heure, non préparées et non équipées pour affronter la situation, elles n'ont que deux options possibles : se soumettre au système satanique par une réforme d'allégeance, ou la marginalisation, laissant ainsi place à toutes sortes de courants maladroits ou manipulés, quand ce n'est pas les deux à la fois.

Il est donc impératif que les fidèles se mobilisent et exigent de leurs dignitaires ce processus de Réhabilitation, dans sa modalité Traditionnelle et authentique, ce sans quoi, malheureusement, aucune dynamique ne pourra être envisageable, car le Livre Saint nous rappelle qu'« *En vérité, Dieu ne modifie point l'état d'un peuple tant que les Hommes qui le composent n'auront pas modifié ce qui est en eux-mêmes.* » (*Coran*, 13:11)

LA RESPONSABILITÉ INDIVIDUELLE ET COLLECTIVE

En ces périodes de troubles le devoir du croyant, même esseulé, reste inchangé. Le Très-Haut a confié à l'Homme une mission : il doit honorer le Nom de Dieu sur terre en devenant lui-même un reflet de Ses Noms et de Ses Attributs pour le reste de la Création. Il est donc nécessaire pour l'individu comme pour la communauté d'aller chercher la Réhabilitation à travers le Vérité de Dieu même lorsque l'effondrement de la Civilisation est apparent et que tout semble perdu.

Dieu nous rappelle aussi avec l'histoire du Prophète Jonas (Yunus), que le croyant ne doit pas s'attacher aux résultats et que le sort de tous est entre Ses Mains. Mais que cela ne le dédouane pas de ses responsabilités et ne constitue pas un appel à la passivité. Au contraire, une tradition prophétique nous indique que :

« *L'Heure ne s'accomplira pas, tant qu'il sera dit : Il n'y a de Dieu que Dieu (là ilâha illa Allâh).* »

Le destin inéluctable de la Création est de disparaître, selon une progression décrite par les Textes, avec des signes mineurs, des signes intermédiaires, et des signes majeurs. Mais Dieu repoussera la Fin des Temps tant qu'il y aura sur terre des Hommes qui honoreront Son Nom et qui œuvreront dans la voie de la Vérité. Ainsi, la finalité de l'Heure, en tant que pilier de la Religion, n'est pas la fin des Temps, cette dernière en constitue plutôt la destination finale. L'Heure en tant que pilier de la Religion nous renvoie à la vie quotidienne, au devoir d'œuvrer à la Civilisation de la Foi, et à la nécessité de rester en permanence dans une vigilance sage et savante, en vue de tirer des Textes, à chaque époque, les outils de réhabilitation.

Trouver l'Unicité de Dieu à travers le quotidien est une responsabilité individuelle et collective. Imaginer une vie réellement religieuse, ou une spiritualité véritable, sans tenir compte de cette dimension, relève de l'illusion. L'itinérant sincère est donc sur l'obligation d'avoir cette précaution de vigilance, et le savant authentique doit, en cas de déclin ou de chute vertigineuse des fondations de la Civilisation de la Foi, mettre de côté les vieilles querelles inutiles pour œuvrer dans l'intérêt supérieur de la communauté, en vue de structurer les outils du Temps.

La Science de l'Heure nous indique que la destruction de la Civilisation s'effectuera dans des modalités définit par deux grands axes : la destruction du socle familial et la destruction de la conscience spirituelle. Tous les signes de la Fin des Temps, mineurs, intermédiaires ou majeurs, se regroupent ici. Tout processus de Réhabilitation, s'il se veut fécond, doit s'effectuer en fonction des enjeux actuels ciblés par ces axes.

LA DESTRUCTION DU SOCLE FAMILIAL

Le complot de satan vise inlassablement à travestir le mal en bien, en opérant une falsification du réel au regard des Hommes. Cette démarche s'identifie aujourd'hui par les attaques incessantes produites par la société moderne, contre l'identité de l'homme et l'identité de la femme, des attaques qui les placent dans l'incertitude vis-à-vis d'eux-mêmes, et stérilisent tout processus de transmission et d'accomplissement.

En effet, la société moderne brouille les pistes, complexifie ce qui est simple, détruit les liens sacrés qui unissent l'homme et la femme, les parents et les enfants, et détruit les modalités de réalisation de chacun par le couple, le mariage, l'amour conjugal et la famille. Il en résulte des identités dégénérées incapables de produire des couples sains, durables ou équilibrés, et par extension, des sociétés pérennes. Le foyer, qui est à la fois école de la vie et vecteur d'accomplissement, est évincé de ses fonctions, et les enfants, dépouillés de leurs protecteurs naturels, se trouvent en proie à ce système qui ne ménage aucun de ses efforts pour les corrompre.

Dans cette affaire, la femme est la première cible et la première victime. Véritable centre de gravité du foyer, elle a vu son image dégradée par l'homme, premier responsable, au point de ne plus pouvoir se considérer à sa juste valeur, ni aimer ce qu'elle a et ce dont Dieu l'a gratifiée.

La Tradition nous révèle que l'homme est le gardien de la Création et l'image du monde est le reflet de son âme. Le temps faisant son œuvre, l'homme a détourné son cœur des sentiers du réel et a obscurci son jugement. Cette dégradation de son état de conscience impacta inévitablement le reste de la Création dont sa plus proche compagne. L'homme a ainsi semé la graine du doute dans le cœur des femmes en leur réclamant d'être ce qu'elles ne sont pas, attaquant par cela la qualité première à l'épicentre de la typologie féminine : sa confiance en elle. Et cette perte progressive de leur identité naturelle les ont conduites, des siècles plus tard, à réclamer une place qui n'a jamais été la leur, au détriment de leur place légitime laissée vacante.

Résultat : la femme moderne, dans sa très large majorité, souffre d'un complexe d'infériorité vis-à-vis de l'homme. Déconsidérée par ce dernier, elle se diminue à ses propres yeux, oublie ou méprise le fait qu'elle ait été créée par Dieu et qu'Il n'a oublié en elle aucune des qualités qu'Il a prévues pour elle.

Les groupes les plus mal intentionnés ont abusé de cette souffrance en usant à mauvais escient d'ingénierie sociale pour manipuler les masses et exploiter les faiblesses de tous. On le constate, par exemple, avec le féminisme qui pousse la femme à commettre l'erreur de vouloir sortir de ce mépris d'elle-même en échappant à sa nature au lieu de l'imposer. De surcroît, ces groupes ont troublé notre discernement en nous vendant l'image d'une femme moderne confiante et forte dans l'espace public. En apparence seulement, car derrière le masque se trouve la souffrance d'ignorer sa nature. Hélas, de par sa négligence l'homme est acteur de cette souffrance au lieu d'en être le libérateur.

Parce que la famille dépend de l'homme et de la femme, établir une civilisation pérenne ne peut se faire que par la réhabilitation de leurs caractéristiques premières, à partir de quoi il sera possible de tirer, dans leur complémentarité, un socle familial indéfectible et authentique capable de transmettre tout le matériel nécessaire aux générations futures. C'est donc la Famille Traditionnelle et la Civilisation, qui sont visées par ce processus satanique de destruction, et cette destruction passe inévitablement par une dissolution des identités et par la corruption des consciences.

LA DESTRUCTION DE LA CONSCIENCE SPIRITUELLE

La falsification du réel au regard des Hommes produit une altération progressive de son état de conscience et le coupe petit à petit de toute possibilité d'épanouissement réel et durable. En projetant ses aspirations verticales sur le plan horizontal de l'existence, l'Homme est devenu sourd et aveugle. Il cherche la satisfaction dans les plaisirs éphémères de la vie terrestre et ne conçoit plus son accomplissement possible autrement que par l'assouvissement immédiat de ses passions. Il a troqué la simplicité et la tranquillité d'une vie modeste contre la complexité d'une vie d'esclave, passant de l'Être à l'Avoir, du qualitatif au quantitatif, faisant de la suprématie marchande un modèle de compétition au cœur de ses préoccupations. L'Homme a ainsi élevé entre lui et Son Seigneur le voile épais et ténébreux de la Création. Coupé de toute transcendance, il cherche désespérément à combler ce vide intérieur que rien de ce qui s'achète ne saurait combler. Ainsi, la courte jouissance qui succède à l'assouvissement des passions est une illusion qui dupe et enlise toujours davantage dans le consumérisme. L'Homme se trouve prisonnier d'un piège qu'il a lui-même construit et éprouve aujourd'hui de grandes difficultés pour en sortir, quand cela est encore possible.

Au regard des Anciens, cette course aux richesses est caduque et ne conduit qu'à l'autodestruction de l'être humain. Aussi, la Sagesse nous renseigne sur le devoir de vigilance que doit entretenir l'Homme vis-à-vis de sa condition matérielle, non pas qu'il faille s'en affranchir, mais qu'elle doit être considérée pour ce qu'elle est : un moyen de progression, parmi tant d'autres, dès lors qu'il est investi en cohérence avec la nature humaine.

A ce titre, les Anciens préféraient les difficultés de la vie quotidienne à l'opulence. Leurs cœurs étaient purs et lucides, ils ne redoutaient pas les épreuves de la vie car ils en connaissaient le sens et la valeur. Certes ils pouvaient être pauvres, pieds nus et mal vêtus, mais l'art de vivre auquel ils étaient parvenus et leur richesse intérieure faisait d'eux les Hommes les plus riches de toute l'Humanité.

Conclusion

Le monde moderne est amené à disparaître, de façon certaine, comme tant d'autres mondes avant lui. Et il entraînera dans sa chute tous ceux qu'il a séduits et pour qui une transformation complète des habitudes de vies ne sera plus possible.

Certes l'agressivité infernale et permanente que nous subissons au quotidien étiole peu à peu la détermination de chacun à faire le bien. Il s'agit là d'un piège visant à rendre le moindre de nos actes stériles à nos yeux. Ainsi, si les temps semblent sombres et difficiles, le croyant se rappelle que la vie sur terre est éphémère, qu'elle est la demeure de l'épreuve et que Dieu n'éprouve pas quelqu'un au-delà de ce qu'il peut supporter.

Que chacun d'entre nous garde l'espoir, même s'il est seul ou que tout semble perdu. Le triomphe momentané du Nouvel Ordre Mondial laissera la place à un nouvel âge d'or pour l'Humanité, et cet avènement demande un effort de vigilance et de

mobilisation de la part de tous. Que chacun interroge donc ses convictions et fasse ce qui est à sa
portée car chaque geste, chaque sourire, chaque
prière compte et la vie est courte. Que celui qui
peut faire de sa vie une lumière pour les autres,
œuvre dans ce sens sans relâche. Que celui qui
peut contribuer à l'effort commun en apportant
une science utile ne ménage aucun de ses efforts.
En effet, le temps dont nous disposons aujour-
d'hui nous invite, plus que jamais, à travailler les
outils de demain et des générations futures.

LES SCIENCES DE DEMAIN

« *Nous n'avons rien omis d'écrire dans le Livre.* »
(*Coran,* 2:38)

La Religion de Dieu constitue un projet de paix et
d'harmonie pour l'humanité et pour chaque être
vivant, car elle seule est à même de fournir des
données détaillées et précises, hors de toute ambiguïté et de toute polémique, sur les créatures,
leurs structures, ce qui permet leur accomplissement et ce qui les en détourne.

Les méthodologies traditionnelles nous apprennent
à extraire ces données pour définir des modalités
extrêmement précises touchant à la réalisation
positive des hommes et des femmes. Ainsi, une

science authentique et véritable est en mesure d'apporter à la vie quotidienne de tous des ressources positives pour vivre mieux, sans contrepartie, sans déséquilibre, sans aliénation ou dissonance quelconque.

Certains ont commis l'erreur de chercher à prouver la véracité des Textes en trouvant des correspondances hasardeuses entre les découvertes scientifiques et leurs interprétations des Textes. Il s'agit là d'une démarche maladroite dont le dénouement sera tragique, car elle conduit à une compréhension biaisée et erronée de la Religion, de son sens, de son rôle, de sa portée, en essayant de l'asseoir sur des bases imparfaites, instables et changeantes. Les chercheurs sincères équipés des bons outils découvriront que tout ce qu'ils cherchent est déjà présent dans le dernier livre révélé, le Coran, car il contient l'essence brute de toutes les sciences passées, présentes et futures, et tant d'autres qui demeureront éternellement dans le domaine de l'inconnu. Ils découvriront également que l'efficacité et la précision hors compétition obtenues par ce procédé rend inutile toute comparaison avec la science moderne. Cette dernière pouvant, en revanche, servir de support dans une mesure bien déterminée. Ainsi le retour à la Tradition ne doit pas être interprété comme un choix idéologique motivé par un contexte ou comme une volonté de vivre le présent dans le passé, mais comme une nécessité intemporelle.

Hélas, des siècles durant, l'Homme a négligé cet héritage et l'absence de réponse des gardiens de la Tradition sur des questions fondamentales ont conduit inévitablement à l'émergence de disciplines contrefaites pour tenter de répondre à des besoins réels. Mais cet héritage n'est pas perdu pour autant, bien au contraire. Il est grand temps pour la Nature de reprendre ses droits, et pour les Hommes de réclamer leur dû. Certes le chantier est immense et tout est à faire, mais le salut de l'humanité dépend de notre volonté à faire de nos vies quelque chose d'utile à tous.

De la Tradition va renaître tout un éventail de Sciences, aujourd'hui laissées-pour-compte, qui bouleverseront notre compréhension de la vie.

ÉPILOGUE

LA SCIENCE DES LUMIÈRES DU CORAN

Les Textes Sacrés, à l'image d'un diamant brut, ne peuvent être appréhendés sans les outils ni la rigueur adéquate. Le patrimoine constitué de la Sagesse met à notre disposition différentes méthodologies pour plonger dans les Textes et chacun trouvera bon d'user de celle qui lui convient le mieux.

De toutes ces méthodologies, celle que nous retenons s'appelle « *la Science des Lumières du Coran* » *3ilm al-huruf, anwar al-huruf* en arabe, car elle s'adapte parfaitement à la situation d'urgence que traverse l'humanité.

Les 4 piliers de la Religion nous permettent ensuite de fixer un ordre dans la priorité de ce qu'il convient de reconstruire. C'est pourquoi nos choix se sont orientés naturellement vers certaines disciplines plutôt que d'autres.

Celui ou celle qui est désireux d'en savoir plus trouvera sur le site Internet www.soulouk.com de quoi étancher sa soif. Mais les recherches ne se limitent pas aux Sciences que nous traitons, et nous sommes disposés à échanger avec ceux souhaitent en développer une autre, autant que nous le pourrons.

Que Dieu nous protège et nous guide tous.

Amin.

Sommaire

Avant-Propos I

La Civilisation 1
1   Introduction à la Tradition 3
2   Le langage et la transmission de la Tra-
    dition 11
3   La Révélation et le statut des religions . 23
4   La Prophétie 31
5   Le Temps et la Fin des Temps 35
6   La mission de l'Homme et de l'Huma-
    nité 45
7   Civilisation & Tradition 55

La Science 61
1   Sciences et Connaissance 63
2   Mathématiques : la Sagesse des nombres
    et des formes 69
3   Astrologie : la Sagesse des astres 89

4   Alchimie : la transformation des cœurs   99
5   Savoirs Traditionnels et rythmes de la vie 109

La Religion   113
1   La Soumission à Dieu 119
2   La Foi : à la découverte du Divin 129
3   La Spiritualité : sens de la vie et sens du
    quotidien 141
4   L'Eschatologie : La Science de l'Heure . 149

Conclusion 163
Épilogue 167